習近平

白信——著

超級政治強人

是如何成為一位

的？

對一場柔性政變的持續觀察

▌自序

2015年5月在北京知識屆的一次餐會上,高全喜教授專門到我身邊,問我對時局怎麼看、對習怎麼看,他那時已經知道我將離開大學。面對高老的殷殷之情,我快速談了一通,然後用四個字結束回答,「修憲、連任」。

這算是臨別北京學界的囑咐,也只是複述了此前幾年我的觀察和判斷。在2012年秋天中共的「十八大」前後幾年,我曾多次接受海外媒體訪問,評論習近平即將和正在效法普京,以「促進改革」、「頂層設計」的名義集中權力,成為中共歷史上的新一代政治強人。部分因為這些訪談,我受到多次警告,而這些警告來自外交部、教育部、中共宣傳部還有不知名的強力機構,都通過系主任和學院黨委書記與我的直接約談表示出來。

在我看來,這些對中國最高權力層面變化的評論,不過是自己平素研究社會運動的延伸。社會運動研究通常遵循「國家-社會」的研究範式,國家是社運的改變對象、也是社運的環境構成和鎮壓者,兩者相互穿透,互相塑造。我過去十多年做社運研究的同時,

也高度關注著國家，特別是威權主義的統治形態，從基層的網格化治理到互聯網監控、以及黨國體制在冷戰時代的演變，很自然的對今天的政局演變有著長期預判，也保持時刻警覺。

更重要的，作為一位政治學者，有責任與公眾分享我的研究、我的觀察、和我的思考。這不僅是一位知識分子的傳統公共責任，也是政治作為一種志業所在。馬克斯・韋伯在他1919年的同名演講中，還專門提及一類與職業政客不同但從古希臘時代便有、也以政治為志業的群眾政治家，即現代的新聞評論者。在今天，當公共知識分子以電視知識分子、名嘴、專欄作者等形態出現時，身為政治學者本來兼具韋伯所言的政治志業三要素——熱情、責任和判斷力，如果積極參政反倒像是業餘的了，而更需要以積極參與媒體的時局評論來引領公共討論的政治化，與威權時代對社會的去政治化相鬥爭，並得以隨時檢驗和校正自己的理論和研究，其意義不亞於韋伯或張君勱參與憲法起草，都有著「理論聯繫實際」的特殊意義。

這在民主社會或者選舉社會情形下是再普通不過的事情，但在中國的威權社會中卻異乎尋常的困難。從2012年「十八大」以來，每年一度由中宣部主導的國家哲學、社科重點課題目錄中只有大比例有關論證和總結習近平「治國理政」思想和實踐模式的，傳統媒體和互聯網門戶新聞網站每天也充斥著對習近平的歌功頌德，但在中國大陸絕沒有人以不帶偏見的、價值中立的理論的方法分析習近平的執政理念和僭權軌跡。

所幸，因為校園清洗運動而被迫離開之後，從2015年下半年起，我倒因為離開而獲得了某種自由，而且正巧遇到香港端傳媒的籌建，受邀撰寫大陸政治評論，而有了在大陸這種殘缺、割裂體制下完成政治作為一種志業的機會。於是，便有了這本文集所收錄的二十餘篇對習近平「新時代」政治的觀察和研究。

　　而所謂新時代，是習近平執政五年之後才在第二屆任期到來前的「十九大」上提出的一個政綱口號，並非僅僅表明過去五年一系列政治運動的階段性結束，而是在無法更替年號的二十一世紀以另一種頗具歷史唯物主義色彩的修辭，宣示告別鄧小平時代的改革開放路線，為他過去五年完成的一場柔性政變做自我加冕。果然，2018年農曆新年，中共中央就公布了一個龐大的修憲草案，並在隨後3月的人大會議上通過。去除了國家主席連任不得超過兩屆這一最後的限制，習近平就此成為中國的「終身總統」，一位超級政治強人，也根本改變，或者更準確地說，鞏固了鄧時代後期中共體制內逐漸壯大的民族主義發展和威權主義傾向。

　　這本文集，正是對這一權力集中過程的持續跟蹤，從話語分析、監察體制、地方性運動以及與鄧小平體制、與毛主義關係等多個維度，在中共1949年建政後六十餘年的背景中，全面、深入、歷史地剖析習近平體制的形成，揭示這個歷時五年的柔性政變過程。雖然是文集，卻因為筆者的方法論自覺和理論訓練，而自有其相互聯繫、相互支持的邏輯體系，也在嚴苛的政治氣氛下倖存下來，接受時間的考驗。

當然，囿於評論平臺的媒體特性，每一篇文章事後看來總是匆忙寫就，留下不少疏漏。文章來源以端傳媒為主，還選擇了發表在德國之聲和BBC中文網上的部分評論。因是之故，在此，要特別感謝端傳媒主編張潔平，和先後幾位編輯鄒思聰、任其然、何錦源，還要感謝德國之聲和BBC中文網的主編李世濤和吳薇，沒有他們的督促、信任和勇氣，這些深度分析無論如何也是難以問世的。

目次

▊ 前言

　　農曆新年還未過完，隨著十九屆三中全會的召開，隨著會前對二中全會通過的修憲意見的公布和三中全會的會議公報，中國政壇便迎來了兩次地震。當然，人們的注意力多被前一次地震吸引，後一次地震的餘波恐怕要等到兩會召開才顯現出來，人們方能看到災後現場。

　　而引發這次2018年春節中國政治地震的，不是節前先後在廊坊和張家口的兩次地殼運動，而是節前、節後召開的十九大二中、三中全會。在二中全會上，中共中央拋出了一個修改幅度巨大的修憲草案，並暗渡陳倉地廢除了憲法14條關於國家主席任期的限制；三中全會的政改內容仍然秘而不宣，但是公報業已透露端倪，即圍繞中直機關和國務院部委體系的調整，將出現一個黨政合一的複合體制。

　　這些改革方案都在頂層設計和政治體制改革的名義下進行，卻不啻兩顆政改炸彈，引爆了世人對中國未來政局的擔憂，也埋下了中國未來政治新的挑戰。而這兩顆炸彈，先後粉碎了鄧小平時代最

重要的兩項政治遺產，在那些「改革開放」的受益者群體中正在引發不滿。

第一顆，關於國家主席任期的限制，雖然表面上只是原本對虛位國家元首的任期規定，並不見於對軍委主席和黨的總書記的任期限制。2018年3月1日也有《人民日報》發文以後兩個職位無限制為由，強調三位一體的重要性而有必要為一致性而去除這一限制。這是公然的狡辯，對歷史的嘲弄。

因為，任何經歷過1980年代、對鄧小平政治仍保有記憶的人，都會清楚記得，鄧小平能夠推動改革開放最重要的在於首先廢除領導幹部終身制。1982年憲法通過之際，中國也開始正式建立了老幹部離退休制度。對黨的總書記的要求，就是連任不能超過兩屆。這是鄧一手確立的黨內原則之一，也是不成文憲法。通過憲法對國家主席的任期限制這一水面浮標的約定和憲法以下的不成文規定以錨繫之。鄧在晚年，1989年卸任中央軍委主席職務後，曾經表示「一個國家的命運建立在一兩個人的聲望上面，是很不健康的，是很危險的」。這是對中共黨內的警告，才有鄧小平身後，江澤民、胡錦濤兩位總書記的連任期均以兩任為界。

第二顆炸彈，其波瀾和意義並不遜於前者。從三中全會後語焉不詳的公報來看，中共中央又提交了一份內容龐大的中央機關和國務院機構的改革方案，其核心是在合併部委的同時，貫徹「黨政合一」。也就是落實修憲建議的「東西南北中，黨是管一切的」，黨的領導地位不僅寫入憲法正文，也要寫入行政體制改革方案，通過

縮減現有中直機關和國務院直屬部委,創造一個更有利於國家領袖直接控制行政部門的新體制。

相比鄧小平時代反腐強調的政改在於黨政分開這一原則,這一最新改革無疑是一次顛覆,雖然顛覆早在去年的兩會上已經發生。2017年3月5日,王岐山在兩會發言,主張重新理解鄧小平關於黨政分開的敘述,強調黨政分開只是分工,而未來政改將圍繞如何更好實現黨的領導,即黨政合一來進行。

鄧小平有關黨政分開的改革思想,儘管從未充分實現,卻也創生了黨的總書記和國務院總理的雙首長制,在此基礎上進行政治局常委的集體領導和分工負責體制,作為中共改開時代的統治機制,一定程度上產生了黨內、外一定程度的競爭、寬鬆和民主試驗,也是鄧時代另一個重要政治遺產。但是,中共十九屆三中全會的新決議,卻否定了這一改開時代的重要精神,不僅架空了國務院,將黨內二號人物的總理降到了行政主計長的地位,更促進了國家領袖的權力集中。

就此回顧習近平政權三年來的各項動作,今天,大概很少有人會再懷疑筆者早於2012年就已經提出的觀察和預言:習近平在效法普京模式,建立一個超級的個人強權。過去三年,一方面,他已發動針對官僚集團的空前規模的反腐運動、建立國安委統一情報和安全力量、啟動軍改樹立對軍隊的絕對控制、開展互聯網清網行動和文化復古運動、在社會治理創新名義下打擊獨立NGO,並通過強調政治規矩、進行集體學習、鼓勵地方官員個人效忠、確立新核心的

方式發動了一場顛覆政治局集體領導的柔性政變。這七大內部的戰略性動作，分別涉及黨、政、軍、情、社、網、文七大領域，力度空前，已經令海內外為之瞠目。

根據稍後的一份《推進行政體制改革意見》的改革草案，變動不僅包括部委的合併，也包括中直工委和中央國家機關工委的合併，即黨對中央黨務和行政兩套系統的統一管理。如此勢必帶來下一步的改革，即整合現有各領導小組，升格為正式的專門委員會，然後形成一個凌駕於國務院和中直機關之上的一個由多個專門黨的委員會組成的領導體制，實現所謂「東西南北中，黨是管一切的」。這句話在過去兩年被反覆提及，出自毛澤東的文革語錄，原話還有「工農商學兵」，插在當中。只是，這些專門委員會之上，既不是現有的中央書記處，也不是國務院的國務會議，更不是政治局會議，而是迄今為止尚不明朗的一個集中體制，是類似白宮內閣會議的內閣機制、還是毛時代的「文革小組」或是清朝宮廷的軍機處，叫法可能有別，功能上都指向最高層面的黨政合一，為「超級總統」的中國最高領袖服務。

理論上說，這一改革相當於軍改對四大總部的重組，有利於提高決策效率，起碼在聯合參謀會議之後，更像美國決策體制了。但是，對鄧小平寶貴政治遺產的粗暴顛覆，卻可能引發無數鄧時代受益者的嚴重不滿和反彈。

或許在這個意義上，今天中國官媒釋放出一篇習的最新講話，要求學習周恩來，背後意味極其深長，向全黨也向身邊同志暗

示，要學習周恩來任勞任怨、甘居次位、對最高元首無條件忠誠、無條件奉獻的愚忠。迄今，我們不知道中青報記者李大同"、以及少數黨內元老的反對是否有效，唯一能夠確定的，是這兩顆政改炸彈已經把仍然沉醉在鄧時代的改革開放、漸進民主、和新自由主義幻覺的一大部分社會精英震醒了。

只是，外界無法對之寄望過高，畢竟在過去三十餘年裡，他們放棄了自我組織和動員能力，既沒有做好準備，也無力面對新時代政治如此之快的到來，如一記悶棍打暈了所有人，包括自由派知識分子、官僚主體和新興中產階級，也就是習近平喊話要向周恩來學習的那些主流聽眾。

留給他們起來抗議、捍衛鄧遺產的時間不多了。一次核大戰後真正倖存的永遠是少數，屬那些早做準備的先知，和碰巧遠離核爆中心的幸運者。中國2018年春節的兩次政治地震，也來得如此之快，對大多數人來說如同突然襲擊。但是，這一龐大改革受益者群體和鄧時代的堅定擁護群體，卻可能繼續生存下去。生存或死亡，他們在未來如何行動和思考，或許將是決定中國未來政治的真正力量。

本書彙集了筆者自2015年以來對習近平和習近平時代中國政治景觀的評論、分析和思考，既有對其個人的話語分析、思想分析，也有對中國政治制度轉型和政黨轉型的分析，或許是中國大陸唯一對元首政治做這種實時、深度分析的文集，希望能夠填補中文世界的空白。

只是，本書作為文集，並非按章節寫就的專著，體例和寫作

的原因都不可能讓本書有一個完整的理論假設和概念體系。儘管如此，基於既有的學術訓練，這些文章仍然貫穿著一個清晰可見的後結構主義方法，通過事件－進程展開分析，綜合對政治制度和個人特質的觀察，最大限度地從政治景觀的多面向，如歷史和地方，來評估習近平和中國政治的演化。為此，也為追求方法論和本體論的一致性，全書體例按照紀年順序重新整理，按觀察的時序，從2015到2018，依次展開不同重點的主題，以此映射一個持續的柔性政變過程以及同時間作者所展開的觀察視角的變換，也幫助讀者在回顧習近平的權力集中過程中，理解他的柔性政變是如何一步步進行的。

譬如說，早在2013年，我用一個互聯網的常用筆名寫到，像中國政治學界現在的主流研究之一是做治理或者協商，他們總覺得無論民主或非民主、轉型前或後，總是需要治理的、總是要協商的；當集體領導體制被擱置，總統制儼然成形，那麼，從西方對政客特別是總統的政治心理學研究來觀察中國政治，便再順理成章不過了，也是我們理解習近平政治的起點。

以富蘭克林·羅斯福為例，這位美國20世紀最偉大的總統，他能夠充分利用廣播和收音機的傳播效果，以娓娓道來的「爐邊談話」，給處在大蕭條的美國社會注入了溫馨的暖意；也能發揮他的高超平衡技巧，沒有規劃、近乎隨意卻行雲流水地領導了「百日新政」的立法工作。但是，由於成長期深受母親嚴格管理的影響，形成了感性思維強而抽象思維弱的性格，也就是情商較高，常常憑著

直覺而不是分析決定問題，缺乏政治原則的把握，缺乏政治遠見，常常在大雜燴一般的政策籮筐裡充斥原則性相互矛盾問題而毫無識別能力，儘管這樣做也被譽為善於平衡，儘管他在關鍵時期決定了新政和開戰這兩件歷史性的決定。

類似的美國總統不乏其人，比爾‧柯林頓算一個，巴拉克‧歐巴馬也算，他們都在單親家庭長大，受母親或者女性的性格影響遠遠大於父親，以至於到柯林頓的性醜聞事件，這種性格養成所特有的「選擇性撒謊」或者「選擇性坦白」表現得尤為突出。顯然，這種基於母系影響的政治心理分析能夠解釋柯林頓在任期間本應取得更高成就卻沒有，也能解釋歐巴馬如何因為從小不屬白人和黑人兩個群體產生的認同障礙演變為他畢生鮮明的政治平衡風格。歐巴馬1995年出版了《父親的夢想》一書，把自己的社會工作和政治理想巧妙地從缺失父愛投射到種族政治，贏得了美國公眾的注意。他在法學院求學期間，就微妙地與兩個對立學術派別保持距離，才獲得了《哈佛法律評論》第一位黑人主編的位置，即使在他執教芝加哥大學法學院期間，他也一開始就與追求終身教職的學術生涯有意保持著距離，繼續他的社運工作。成為美國總統後，這種包容多元的風格更為明顯，他在外交領域更善於運用靈活、平衡的「巧實力」，而非金刀快馬硬上弓。

有趣的是，中國的新領袖似乎也有許多相似之處，與歐巴馬一樣都從基層做起，有著強烈的改革情懷，同時具備高超的政治平衡技巧。最為關鍵的，他在成長期先後經歷了兩次巨大的心理創傷：

第一次是因為文革爆發後父親入獄，處在青春期而一度流離失所的他不得不忍受著父愛的缺失，畢生都在嚴厲母親的陰影下，而毛主席幾乎成為一代紅衛兵心目中的父親；第二次是他1975年以「工農兵學員」身份推薦進入清華大學後兩年，就迎來文革結束、恢復高考，大學老師們立即將所有注意力都轉移到通過高考新選拔入校的新生身上，對仍在校的工農兵學生們不聞不問。

　　所以，我們可以推定在他內心濃厚的毛主義情結，對他身為「紅二代」而產生的強烈使命感，都在驅動當下的「紅衛兵」內閣以如何鞏固和加強共產主義政權為首要任務，有著相對保守技術官僚而言更為強烈的改革欲望。同時，母系因素以及作為「工農兵學員」對抽象思維訓練的缺陷，可能導致他的認知與情感障礙，從不理解甚至害怕「大詞」和「公眾」發展到執政路線的大幅變化：一方面難以察覺一攬子政策，比如六十條的新自由主義市場化，其中所包含的經濟讓步和政治壓縮之間、即經右政左之間的潛在緊張，這和新政時期的羅斯福非常相似，後者也是無力察覺一攬子新政政策的相互衝突，而以善於處理人際關係的方式來協調不同的政策路線，並且作為美國現代官僚制度的重要貢獻人，總是喜歡鼓動和利用不同行政部門之間的競爭與衝突，然後在最後一刻干預、拍板，以此平衡和掌握權力；另一方面，作為一名社交羞澀的人，領導作風酷似羅斯福總統，只信任身邊親信，習慣於小圈子政治，特別是在陝西插隊期間結識的以王岐山為核心的紅二代小圈子，害怕來自技術官僚、公眾和對立面的潛在挑戰與威脅，其結果之一便是因為

樂於紅二代內部的交往，而不是僵硬的制度化的集體領導體制，竟然可能因此革命性地建立了某種意義的「安全小內閣」。

當然，政治心理不只是關於政客的政治性格，還包括如何對待或者引導公眾的問題，這也是民主政治圍繞黨派競選的關鍵，即領袖和黨派如何影響、操縱公眾的心理。按照美國政治心理學家韋斯特的解釋，美國共和黨和民主黨儼然分別是一個長期打情感牌、聯結大資本和民粹公眾，另一個則是重視理性、數據和事實的中產階級政黨。雷根和小布希是共和黨中善於與公眾交流、競選中成功進行情感訴求的行家，而民主黨的高爾則屬天然呆，只會談數據和路線。

畢竟，有關研究一再證實，在面對意識形態、價值觀、候選人形象等選項，大多數選民往往最後才考慮跟自身利益相關的問題，而情感作為一種價值判斷的快捷機制，在政治中發揮著可能是最為重要的作用。對民主的選舉政治如此，對社會運動也如此，對一個被動轉型的非民主體制來說，情感可能同樣是公眾最容易被操縱和說服的機制。那麼，以家國、孝悌、祥和、滿足為主題的中國夢，比如，便不失為一種消解他們擁有的憤怒作為唯一的反抗手段的終極方案。反正，即使知識分子或者意識形態部門提出什麼新舊理論或者概念，大概都很難被新領導人所理解，遠不如「中國夢」這樣的通俗易懂，容易聯結起人民和領袖，無論是新一代不知道「爸爸去哪兒」、在過度情感澆灌下成長起來的一代青年，還是「紅太陽」照耀下的上一代紅衛兵們。

他們之間似乎更樂於使用韃靼人的「大大」相互稱呼，在習近平上位之後迅速流傳開來，在中國催生了一個仿普京式的、個人崇拜的民粹主義浪潮，並且逐漸匯合成以「我兔」、「厲害了」等互聯網語言為代表的萌化民族主義。隨之而來的，卻是一連串的微型法西斯運動，構成一個持續的柔性政變，無形中消滅了所有對手，沒有反抗，也沒有異議。

* 　編案：此指2018年3月1日，習近平於北京人民大會堂「紀念周恩來同志誕辰120周年座談會」上發表的講話。

** 編案：李大同曾為中國青年報《冰點》週刊主編，係資深媒體人，曾於2018年2月26日發表公開信，反對習近平修憲。

2015

超級政治強人

▌為什麼要閱兵？習的強人夢

　　紛擾數月、耗資無數的抗戰勝利閱兵終於結束。北京的街面雖然解除了戒嚴，旅遊者和市民仍然稀少得很，完全沒有平常的熱鬧。但是，閱兵以及相關民族主義話題卻在大陸微信圈激起前所未有的分裂，一場撕裂社會關係的戰爭從軍隊踏上長安街那一刻就彷彿開始了。而閱兵過後，一場聲勢浩大、準備良久的武裝遊行，卻只有寥寥數位國家元首觀禮、國際反應冷漠，不能不問，為什麼要閱兵？抗戰勝利70年後，是否有必要以閱兵的方式凝聚民族，抑或只是黷武恫嚇周邊？還只是政治強人為了一己私欲，為登天安門而凌天下？

　　早在2012年秋習初登大寶，我已對諸多外媒談到，種種跡象表明，一個新的超級政治強人正在誕生，也在深刻改造著中國的政治格局乃至世界的政治秩序。這或許才是今天我們思考為什麼他要閱兵的基礎。這個強人，還未上臺，就以國家副主席之身，親自抓了三件事：第一，足球打黑。從此開始介入公安，掌握公安力量，既是上臺後反腐運動的熱身，也是後來從小學推廣足球、改革從足

協開始——個人愛好深刻潛入政治改革的重要指標。第二件事，擔負2008奧運－2009閱兵總指揮，第一次提出「護城河」安保概念，在遊行隊伍中加入毛澤東思想方陣。前者是今天京津冀一體化的濫觴，也是為保證閱兵無限擴大「護城河」到七省一市乃至全國的雛形；後者也是重新毛化的標誌。第三件事，訪美與美國副總統拜登會面，創下中美間即興外交的模式，這種隨意風格至今仍常常插入日常的講話中，甚至嚴肅的戰略舉措中不經意間提出「一帶一路」，以及為回應國際壓力而主動廢止勞教制度等等，當然其深遠意義仍待繼續觀察。

更重要的，執政三年來，習近平多管齊下，集權一身，超出了1976年以後各任領袖，等於一場進行中的「柔性政變」，事實上顛覆了毛身後的政治局常委負責的集體領導制。首先，上臺伊始，習以建立各種領導小組的方式、親任各小組組長，小組總數超過18個，橫跨政經、政法、安全、網絡、意識形態各領域，以這種非正式制度的方式取代了傳統的政治局常委分工各管一片的寡頭模式。一般認為，這種集體領導的寡頭制也是過去二十年中國政壇利益集團形成並集中的主要機制。而隨後開展的反腐運動，重點便在對這一舊利益集團——政治寡頭格局的打擊。畢竟，集體領導制下的分權，往往讓最高領袖難以掌握實權，政令難出中南海。最後，才是制度化的建設，成立國安委，修訂《國安法》，真正將各方情報、安全力量甚至意識形態部門的協調都納入到該委員會中，也就是向最高元首負責，甚至可說是1949年來最可觀的一次安全力量整合，

不僅意味著元首制實權化、政黨個人化的關鍵一步，也意味著大安全體制的開始，和同時胡溫時代疲於應付的維穩體制的終結。

在這個基礎上，才能理解一個新極權政治的形成，它是多麼依賴重建一個小規模的紅色精英集團，以期控制舊有的、龐大的、腐敗的、且政治效忠可疑的官僚集團；也才能理解一個已經以「三個代表」和去政治化的市場經濟拋棄意識形態的官僚政權如何飛速地轉向傳統儒家，尋求意識形態支持，並且重建毛前三十年和鄧後三十年的理論聯繫，如9月開學前中央黨校重立的兩尊毛像和鄧像以及馬恩像。只有極權主義才高度重視意識形態，而非過去二十年的市場——威權時代。而新常態下的意識形態可以全無新意，甚至不求甚解，習在9月3日閱兵式上的講話也充滿了陳舊的戰後國際秩序觀和強烈的民族主義，只要周帶魚*之流站臺即可，全然只有一個目的：如此次閱兵副總指揮王健8月31日在《人民日報》的解釋，就是為了體現全軍對習總的忠誠。

也就是說，個人效忠成為此次閱兵的主要任務。這是習近平對他執政三年來的一次大檢閱，也是未來權力鞏固的一大階梯。如此情形，像極了1979年鄧小平發動對越戰爭的政治需要，17天的戰爭鞏固了鄧對軍隊的掌握、對政局的掌握。對習來說，幾乎利用了從釣魚島到南海等一切戰爭題材，可是今非昔比，在美「再平衡」戰略重壓下，在俄烏危機後遭受國際制裁背景下，戰端難以輕啟，以閱兵代替戰爭就成為成本較低、風險較低的效忠總動員。這次動員，在執政三年之際急忙推出，循前述個人集權化趨勢來看，便容

易得出閱兵實為加速新極權政治、奠定元首制效忠基礎的一次隆重表演。

　　為此，習近平的「護城河」安保工程不惜延伸到對公民社會的全民清剿，實行全面的內部築壘化，推行嚴格的網格化社會控制，試圖消滅一切可能引發類似茉莉花革命顛覆效應的公民社會萌芽。在先後消除了傳知行、益仁平等北京知名獨立NGO之後，2015年起，繼「三八」婦女節前夕抓捕女權行動分子，又從5月起在全國抓捕、刑拘、監居了近300名人權律師和人權活動分子，並開展持續的「清網行動」，打擊所謂網絡謠言和翻牆代理軟體，試圖牢牢控制一切潛在的不安全力量。尤其是這些身陷囹圄的人權律師和人權活動分子，成了閱兵式前的祭品。不僅如此，極權恐怖甚至波及股市和環境，他們抓捕所謂「惡意做空」機構和新聞記者，清理數十萬北京外來人口，關停北京城區農貿市場、服裝市場，還為驅趕霧霾關停北京周邊七省市的工礦企業、建築工地、餐館、街頭燒烤、食攤、乃至農家柴火灶。更甚者，在閱兵前夕，北京閱兵沿線辦公場所、居民小區更被嚴格檢查、限制出入，公司機關停業、WI-FI手機信號也被覆蓋。

　　如此種種登峰造極的安全措施，與習近平上任伊始的「輕裝簡行」形成巨大反差，猶如閱兵的巨大投入與國際社會、或者哪怕國內人民的冷漠反應之間的強烈反差，也如閱兵結束第二天北京重新而至的霧霾與閱兵藍的鮮明對比。連城樓上那些觀禮的外國元首和黨內長老們也各懷心事。天安門上與他並列閱兵的普京，或許是最

為熟悉這一切場景、瞭解習個人夢想的人，用半天站臺換來下午在大會堂的大筆經濟協議，這或許是國際社會最為積極的反應了。

畢竟，對天安門，大陸人民有著複雜深刻的記憶。對習來說，在天安門城樓上閱兵，無論是習近平的一個長久夢想，還是為凝聚效忠而進行的武裝宣示，也許都源自毛澤東幾次接見紅衛兵的盛大場面和記憶。那是一個神化的時代。在今天，個人權威和個人神化的背後，是舉國安全體制和過時的民族主義，它們正在裝甲洪流中重新導向一個領袖、一個政黨、一個民族的中國夢。

---

* 編案：周小平（1981-），網路名人。2013年8月26日發表博文〈謠害天下，無人懺悔〉，內有「薛蠻子為淨水器促銷，詆毀中國水質有毒，造成舟山帶魚養殖場滯銷，當地無數養殖農戶面臨破產，罪大惡極，誰來追究？」一語，但此言非真。帶魚為深海魚，都是人工捕撈，目前並無人工養殖，這個謠言被揭穿後，周小平始終不曾公開認錯，網友稱其「周帶魚」。

臺灣的芬蘭化：
馬習會的地緣政治分析

　　2015年，一個貌似突如其來的馬習會，就牽動了各方眼球，引得無數「外賓」紛紛冠之以「第二次握手」，與1992年同在新加坡握手的辜汪會談相提並論，似有破冰之功。不能不說，兩岸政府信息封鎖有效，暗箱作業的東西一上檯面，便收宣傳戰奇效。大陸評論家們鮮有提及臺灣人民此刻複雜的感受，遑論臺灣反對黨、東南亞諸國、和日本的緊張，都在猜測馬習會將談些什麼，可能拿什麼做交易。

　　如此奇怪又微妙的高調和緊張，也許反映了馬習會正處在一個敏感的時刻，關係地區局勢和各方利益。如同兩岸新聞公告或馬英九6日的新聞發布會上，都刻意輕描淡寫，卻又難壓興奮之情，凸顯中國已經登上了亞洲的政治舞臺中心，一舉一動均牽扯地區局勢。

　　其背景正如此。一方面，馬英九那時的任期只剩下六個月，面對即將來臨的選戰國民黨幾乎大勢已去，馬英九的政治遺產乏善可

陳，卸任後的政治地位也岌岌可危。而習近平上任兩年，通過1949年以來新一波大規模的黨內清洗－反腐運動，通過講「政治規矩」實則個人效忠的家法強調也即引入傳統儒家專制的政治倫理，通過「頂層設計」和「促改派」的柔性政變，實現了高度個人化集權，並經由9月閱兵展示了前所未有的強人政治權威，大有未來無限執政下去的勢頭。如此不對等權力格局下的握手，怎能不讓人懷疑馬英九是否暗地輸誠？

至於馬英九本人，儘管連任上臺後信誓旦旦不會與對岸領導人見面，但這幾日終於承認，動議始於峇里島APEC會議上王郁琦和張志軍的會晤。而筆者兩年前造訪臺灣，即已獲知馬習會的安排，「兩岸和平協議」也是當地高層政治耳語之一。事實上，馬任內，臺灣政治乃至兩岸交往的幾乎所有重大政治安排，無不與此有關。如馬英九自己所說，「七年半來兩岸已經簽署了23個協議，創造了巨大的和平紅利，給兩岸帶來了66年來關係最和平穩定的一個階段……」如果馬習會中簽署兩岸和平協議，一點不會讓人驚奇，如此發展的自然結果罷了。只是，幾個學生發起的「太陽花運動」橫空出世，不僅干擾了服貿協定，也打亂了原定去年上半年即可能進行的馬習會，令中共兩岸高層惱羞成怒，連帶稍後的香港「佔中」也被當局視之為最高威脅。

無他，在大陸經濟體量成長為世界第二、在亞洲和全球採取咄咄逼人的「崛起」戰略後，臺灣的地緣政治地位迅速邊緣化。而更重要的，隨近年來大陸對臺統戰的深入、臺灣對大陸經濟的高度

依賴，特別是國共兩黨事實上全方位的密切合作，無論此番馬習會上是否達成任何協議，就地緣政治角度而言，臺灣已經開始「芬蘭化」了。未來民進黨執政後，無論繼續建構法理臺獨，或者挾更大民意基礎簽署和平協議，即使長期擱置統一議題，都無礙這一芬蘭化進程。這或許才是洪秀柱退選後喊出和平協議而並未輿論大譁的深層原因吧。

另一方面，芬蘭化的危險不獨臺灣所面對，幾乎也是南中國海沿岸整個東南亞的共同夢魘。美國頂尖智庫人物羅伯特・卡普蘭在去年出版對新書《亞洲的大鍋》中，無情地指出了這一普遍的地區擔憂。中國在南海越來越活躍的軍事存在和戰場建設，如那幾個島礁機場，以及對「九段線」的主權聲明，都在強烈地暗示中國政府正在把南中國海當作加勒比海，即自己的勢力範圍。可惜，門羅主義當初並非簡單的孤立主義或者地區霸權，而是一條真正的「和平崛起」道路；加勒比海諸國也都弱小不堪，大不同今日南中國海周邊新興民族國家的強烈民族主義意識。如習近平此行造訪的越南，其民族主義之強不弱中國。然而，維繫這些東南亞國家安全感的，卻是美國海軍的經常性存在。以馬來西亞為例，雖然因為馬來中產階級成長、威權民主制下無需擔心再次爆發類似1969年「5.13」的種族衝突，但是冷戰期間中國對馬共的支持始終是個揮之不去的夢魘，表面上固然可以和中國進行密切的經濟合作，但對他們的海軍將領來說，美國海軍才是地區安全的保證。即使不能防止東南亞逐個陷入芬蘭化的境地，也能維持地區的力量均勢，也就是和平。

正是在這個意義上，美國重返亞洲的再平衡戰略以及TPP協議受到了這些國家的歡迎，美國軍艦拉森號巡視南中國海並未引發任何衝突，反倒是中國軍委副主席范長龍提前在香山會議上做了鋪墊。換言之，南海的地緣政治格局並非加勒比海，更像亞洲的地中海，存在著多邊、多極的力量牽制。南海形勢越緊張，甚至引發周邊軍備競賽，可能越難演成大規模衝突。畢竟，南海連接著西太平洋和印度洋，連接著東南亞和東北亞，連接著波斯灣到東北亞的貿易航線，東北亞超過70%的能源需求經過南海航線，這正是日本防長中谷元日前在越南與中國國防部長常萬全會面時對南海表示關切的原因，也是日本1970年代石油危機以來建立「一千海浬生命線」的戰略基礎。相形之下，中方所謂南海係主權問題，不關日本事的說辭相當蒼白。而且不能否認，這種單方面的南海主權立場，在現實主義的海洋叢林中，常常引發與周邊國家的衝突，特別在海洋石油爭奪愈加激烈的時代，只能加劇而不是緩解南中國海的緊張。

　　而在兩岸政治體共同控制南海部分主權的背景下，臺灣的芬蘭化就意味著主權義務的退縮，例如太平島的駐軍防衛問題。在越南島礁近在咫尺的威脅下，如美國學者薛理泰多年前所觀察的，臺灣兩黨大概均樂見大陸海軍協防甚至接管。這也是此次新加坡馬習會的懸念之一。當然，馬習會更重要的在於其象徵意義，未必著眼於一島一礁、服貿或者貨貿、或者下次握手何時何地再會何人的技術性算計，而是通過加速臺灣的芬蘭化，甚至作為南中國海周邊諸國芬蘭化的示範，在南海的邊緣、東南亞與東北亞的連接部位尋求突

破，然後在南海僵局乃至中國遭遇的國際困局中打開突破口。如此高壓之下，可以想見，未來民進黨上臺執政也難避免繼續芬蘭化，臺海局勢發展之迅速可能大大超出國際社會的預期。那究竟意味著亞太地區的新均勢，抑或相反——也就是現狀的改變？也許很大程度上將繼續依賴新平衡力量的注入或者缺失，不管是美國軍艦的存在，還是新的一次太陽花運動。

 芬蘭化

　　所謂芬蘭化指小國為保持領土完整和主權獨立而被迫在外交和國內事務上嚴重依賴或受控於鄰近大國，如芬蘭在二戰後的選擇，雖然曾經在1939年的蘇芬戰爭給予蘇聯紅軍重創，但是戰後仍然被迫割讓十分之一國土、並與蘇聯簽署互助條約，保持國際中立，不加入北約，同時對外政策和國內政治、甚至軍事和社會均受蘇聯控制，且難以擺脫。

　　美國學者Bruce Gilley 2010年在外交事務（*Foreign Affairs*, Jan/Feb Issue, 2010）撰文 "Not So Dire Straits: How the Finlandization of Taiwan Benefits U.S. Security"，指出馬英九任內芬蘭化跡象顯現。

還是正視新冷戰吧：
習歐峰會之後

　　也許中美關係真的到了一個轉折點了。2015年9月，習近平在美逗留的整整一週裡，與歐巴馬的接觸僅僅只有一次晚宴和一天的會談。而這場從「9.3閱兵」就開始鋪陳的中美峰會，最終並沒有取得什麼令人驚艷的成果。雙方的分歧卻在峰會前後、記者會上顯露無疑。這大概是1979年鄧小平訪美以來、歷次中美峰會還從未發生過的情形。

　　問題是，這些分歧到底有多嚴重，是否影響此次習訪美的外交評估？這就要回到中美外交的基本面。從1949年至今，中美關係的確立歷經前兩代政治領導核心，是毛和鄧兩位政治強人分別一手打造。也就是說，毛在晚年通過季辛吉和尼克森訪華打開了中美關係正常化的大門，從冷戰的孤立和文革內戰的混亂中走了出來，這是共產陣營自史達林死後從1953年東德危機、1956年赫魯雪夫秘密報告和波茨南事件、匈牙利事件、到1968年布拉格之春的連串不穩定事件中，最具內部分裂、打破平衡的一個轉折點。中國今天改革

開放的成就均建立在這一政治遺產之上。而鄧,不過繼承了毛的路線,包括通過上臺伊始的訪美,奠定了中美蜜月關係的基礎,也包括繼續毛的印度支那路線,發動對越戰爭,然後鞏固他的國內權威地位。之後歷任官僚出身的領導人,無不把中美關係當作最優先外交,把美國市場和貿易最惠國待遇、以及21世紀的反恐問題當作頭等大事,以維持內部統治、穩定和發展。無論經歷何種波折、衝突,小如銀河號事件或李文和案,大至1989鎮壓甚至1999年「5.8」事件和2001年南海撞機,都被積極處理,不影響中美關係的合作主旋律。

但是,習上任三年後的這一次訪美,卻似乎搞砸了。除了既定的氣候議題以及一些技術性合作,幾乎沒有什麼重大分歧得以解決,特別是網絡安全、南海問題和人權問題。前者,有習率龐大代表團在西海岸逗留整整三天,竭盡全力拉攏西部新興互聯網資本,卻無法緩和白宮會談後兩國在互聯網安全上的根本分歧;後者,有習和第一夫人親自上陣,分別在紐約聯大和婦女峰會上許諾重資建立南南基金和全球女性教育扶貧基金,但不敵希拉蕊・柯林頓的一句「shameless」。一場準備經年,並有大排場的「9.3閱兵」鋪墊的中美峰會,第一次陷入無戰略共識可確認、戰略合作基礎闕如的境地,而雙方的重大分歧沒有得到任何回緩。這是一個不祥的開端。第一次,中國最高領導人在中美關係上沒有發揮出充分的個人影響力,補救中美關係的裂痕或者促進中美軸心的鞏固,哪怕江-溫時代的墨守成規也未做到,而是開上了1971年季辛吉訪華以來中美關

係的倒車。

　　事實上，從習在西雅圖的政策說明會開始，他的外交修辭便奠定了此次峰會的失敗。習以多個否定的句式，表明了否認事實、拒絕承擔責任的態度，對中美在互聯網安全、在南海航行權、在人權問題上的衝突，採取切割和推卸。這是傳統中國官僚處理問題的慣習，居然被不自覺地運用到兩個大國之間核心利益衝突的解決，與太平洋戰爭爆發前日本對待類似問題的處理思維幾乎如出一轍，其潛在危險也應相去不遠。結果不出意外，歐巴馬在會後的記者會上對分歧不加掩飾，對習處理分歧的努力也表示了懷疑。如果再聯繫美國政界和媒體的反應，無論事前事後，可以看出，中美間的巨大分歧以及未來的可能衝突已經不可避免。在這個意義上，習近平訪問華盛頓，外交系統卻未能盡全力爭取他在國會發表演講，直接當面對美國的立法者解釋、緩頰，就是一個巨大的失敗。外交系統過分投入到了一個牽制性或象徵性的聯大演講中，而無力創造更好的機會來面對中美真正的外交難題，既顯示了官僚系統的僵化、退縮，也暴露了習氏外交的隨意性，對外交爭端的嚴重性估計不足。

　　而分歧的核心，一是南海問題，二是網絡安全。前者，無論美國如何重申作為非利害關係國有責任確保航行自由的立場，或者中方繼續否認大規模海島建設的戰略意圖，仍然只是舊地緣政治的繼續，關係石油供應和自由貿易，關係周邊東南亞國家，關係東北亞。在這個太平洋的地中海，彙聚了超敏感的利益複合體，周邊的東南亞國家都是新興民族國家，其超強民族主義意識只比中國強。

其劍拔弩張的格局，都讓中美雙方不敢輕舉妄動，反而可能逐漸緩和，尋找磋商解決的途徑。倒是後者，互聯網安全和互聯網自由的問題，超越了傳統地緣政治的範疇，也超越了傳統民族國家的概念，才是一個真正棘手問題，也是中美關係未來最不確定的炸彈。

換言之，當2008年高加索戰爭爆發，國際社會的一部分聲音，也包括筆者本人，將之稱為新冷戰的開端，並沒有太多附議。人們大多認為那不過是一場過時地區衝突樣式的繼續，俄國人僅憑僥倖得以穿越羅克斯基隧道，避免了悲劇性的全軍覆滅。再到去年的烏克蘭危機和克里米亞衝突，世人彷彿才恍然大悟，終於採取了聯合制裁俄羅斯的手段。一場伴隨小規模衝突，以意識形態對立為標誌的新冷戰正在拉開序幕。尤其當9.3閱兵的天安門城樓上，寥寥無幾的若干地區國家領導人環繞著普京和習近平的時候，新冷戰的國際聯盟才終於浮現上來。此前，中國已經效法俄羅斯開始嚴格控制境外NGO、控制互聯網、壓制公民社會和新聞自由，一個世界性的以互聯網自由為敵、以公民社會為敵的陣營在迅速形成。回溯習上臺伊始先後對非洲、對拉美對戰略拉攏，以及「一帶一路」戰略的提出，不難看出輸出「中國模式」威權控制的戰略意圖，而此次習訪美在聯大的發言，便是利用聯合國平臺，向願意加入這一陣營的南方國家提供經濟援助。

互聯網安全，就是在這個背景下，取代了美蘇冷戰期間的「資本主義vs.社會主義」的意識形態分歧，變成了一個最新的意識形態戰場。其中，既有美國以色列利用計算機病毒攻擊伊朗核工廠，也

有美國2003年的大停電——針對那次停電的調查發現，有駭客侵入電力系統，當駭客意識到他們闖下大禍的時候，發出了「遭了」的中文信息；也有圍繞互聯網自由和言論自由，中國政府展開的系列「淨網」行動。幾乎所有的對互聯網的輿論管制、對大V的抓捕示眾、對獨立NGO的鎮壓、對「五毛軍團」和「小粉紅」的培養，都被納入最新的《國家安全法》，被所謂「互聯網主權」的範疇所遮蓋了，得以繼續在一個過時的民族國家框架內繼續。

然而，今天的互聯網已經與電網、物聯網、幾乎一切政治經濟社會生活高度重合，而一個小的局部錯誤就可能引發整個系統的崩塌，如雪崩和地震一般。革命亦然。一個人的選擇，開關式的變化，就可能引發高頻小規模震盪，最後觸發大規模革命，如2011年的茉莉花革命。正是在這個意義上，互聯網對國家安全和社會革命的雙重意義，自我賦予了它意識形態的神化高度，也自我增強地將自身轉變為意識形態衝突的戰爭手段和戰場，即網絡戰爭，並成為新冷戰的主要形式。這是中美雙方近年來都不遺餘力發展的。

那麼，當習歐峰會無力尋求分歧解決之道，便意味著衝突的加劇，只是衝突形式如何展現並不確定。最新的《外交事務》網站發表了一篇文章，披露美國國家安全局的一個巨型計算中心，這個機房本身以及冷卻水所需的泵站或許便是新冷戰的一個具體目標。而美國總統歐巴馬最近已經否決了如果爆發網絡戰，必要時將以核武器來報復己方中心機房被摧毀的建議——一場也許暫時不至於考慮捲入熱核戰爭的靜悄悄的冷戰。而當經濟或其他方面的合作與交流

並不足以消弭這一最新也是最深刻的意識形態分歧，如同美國矽谷的互聯網廠商即使進入中國也無助於此，那麼一場以互聯網為意識形態和戰場的冷戰終於不可避免了。

　　這是一場超越傳統石油－碳基政治為基礎的生產－消費模式的舊地緣政治，而是一場圍繞信息傳遞的矽基政治和秩序，思想和自由也因此比以往任何時候都顯得更為代價高昂。而對思想自由的控制，無需核武器或者機關槍，只需要更多的警察強制。意味著，未來的新冷戰，我們終究必須面對的自由之戰，也許同時意味著我們回到1984的極權狀態。在共產主義的互聯網極權控制下，沒有人能夠逃脫。例如，在今年「7.09」大規模抓捕人權律師行動的同時，美國的Telegram秘密社交媒體服務器遭遇了前所未有的飽和攻擊（Saturation Attack）。一個悲劇未來已經開始。

抓放郭玉閃和「九號文件」：
一個虛無主義帝國的崛起

　　2015年9.15聯合國民主日前夕，北京獨立NGO的前負責人郭玉閃終於被釋放。也許是因為營救主事者的考量，在11個月的羈押期裡，有關他被捕和獲釋的消息都只在小範圍裡流傳，猶如失蹤一般，公眾並不知曉。如同他所領導的機構，北京著名的傳知行，一家獨立NGO，年前同時被悄然關閉後，也慢慢被世人淡忘了。如果不是因為習近平訪美，基於緩和美方對中國人權事務的關切，郭玉閃以及中國獨立NGO的命運恐怕並不會為人關注。

　　然而，郭的釋放和美方的壓力，都改變不了中國獨立NGO的命運。與傳知行一同被關閉的還有益仁平、眾澤等NGO，全國其他類似的獨立NGO也都風雨飄搖，許多NGO員工早已紛紛南下避風；當時劉曉波仍在牢裡，浦志強、高渝、郭飛熊、唐荊陵等還在等待審判，超過二十名人權律師被逮捕、關押、失蹤，以鋒銳所為代表的一批積極介入人權領域的律所面臨著極大的壓力；更重要的，一年以來，新的國安法、網安法、和境外NGO管理條例等相繼

出檯，然後從大數據對NGO及活動者人際網絡的挖掘，動輒施以全國性抓捕行動，再用盡偵查、起訴程序甚至所謂監視居住條款將這些NGO和人權活動者長期關押。針對獨立NGO所代表的公民社會的制度性牢籠已經建成，他們從國外獲得資金的渠道被切斷，他們的日常活動隨時可能被冠以各種刑事罪名。即使境內稍微活躍的資金供應也陷入困頓，如果私人企業家或各民間基金會不積極往限定領域或者所謂政府購買的公益項目輸血，而是向獨立NGO提供幫助，那麼王功權和信力建便是下場，第一時間往天津爆炸災區捐送的物資也會被被官辦紅會強行抄沒。

所以，郭玉閃的進去與出來、獨立NGO的生死，也許並不重要，他們可如棋子或人質一般被威權當局肆意玩弄。重要的，是從最近一年NGO環境和人權事業的急劇惡化來分析政權的轉向，尤其應當追溯到兩年前的「九號文件」，也是著名記者高瑜被控「泄露國家機密」所指的機密。正是所謂九號文件，作為一份指導性文件，不僅衍生了其後一系列新法和鎮壓行動，也顯然構成了未來的意識形態綱領。

在這份九號文件裡，宣揚「西方憲政民主」、「普世價值」、「公民社會」、「新自由主義」、「西方新聞觀」、「歷史虛無主義」、和「質疑改革開放與社會主義制度」等七項「錯誤思潮」被否定，即要求在意識形態領域如高校和媒體等搞「七不講」。特別的，將中國新興公民社會組織當作威脅政權基礎、培植「反政府力量」的主體，繼承了稍早時任中央政法委秘書長周本順的講話精

神，將公民社會直接等同顏色革命威脅。這才是郭玉閃等人被抓、人權律師群體以及「新黑五類」被打擊的根本原因，他們被視作習政權的心腹大患，與所謂分離主義勢力、恐怖主義並列為現政權的三大威脅。換句話說，胡溫維穩時代被當作人民內部矛盾的維權群體，其中的領袖群體，在習氏政權下已被當作可能顛覆政權的敵人。因此，當局不惜重構國家安全理念、設立國安委、整合安全力量，以空前規模集結國家暴力的大安全體制對付郭玉閃、傳知行、益仁平這樣低調溫和的NGO和領袖。

事實上，也正是獨立NGO的境外資金管道和他們參與的海外活動被長期監控。這些在全球公民社會領域內正常、正當的交流、培訓、為加強本土公民社會的能力建設，被徒然上升到「九號文件」所言「培植反對力量」的高度。尤其在香港「佔中」運動背景下，哪怕是外圍人員普通的權利倡導行為也被會觸發這一龐大新安全機制的緊急反應。在這個意義上，如果把「九號文件」視作當年的「萬湖會議紀要」，可能有些危言聳聽，但若看作一份針對中國新興公民社會和潛在政治反對力量的動員令，恐怕並不過分。而且，還將長期影響未來中國政治的黨國－社會關係，即重新樹立一個與安全體制掛鉤的高度意識形態化的統治形態。

而歷史上，從君主制到共和制、寡頭制、民主制以及各變種的政權形態中，只有極權主義才高度重視意識形態，意識形態機制貫穿統治制度的核心，也統率著權力、宣傳、教育、軍事、警察、官僚和分配等一切統治制度。中國從1949到1979的漫長三十年裡一度也實踐

著這一體制，毛澤東本人操刀喉舌社論，親自撰寫「炮打資產階級司令部」的大字報，意識形態官僚如陳伯達和張春橋等能夠升任國家領導人。在改革開放三十年後的21世紀，國家上層建築滯後許久的政治體制改革尚未展開，各層官僚、資本家和勞動者普遍觀望、困惑之際，一份意識形態先行的九號文件悄然問世並導出一系列重手鎮壓，不能不說，這是一次極權主義的復辟。如果再考慮到習主席最新關於改開目標就是建設共產主義、以及要求國企改革要保證國有資產不流失、加強黨對國企領導的相關講話，大概就更清晰了。

只是，作為一份意識形態指導綱領，「九號文件」不僅以其「七不講」的否定修辭否定了改革開放三十年以來成長的主流健康思潮，而且是以一份僅「傳達到地師級」的內部文件形式秘而不宣，並且高調逮捕審判公開這份文件的記者高渝。與之相對，官方表面上卻祭出內容駁雜、包括民主自由在內的「24字」「社會主義核心價值觀」，以及重提儒家傳統。如此詭異的意識形態兩面結構，確實相當程度上消解了極權主義的擔憂，只能得出另一個更為接近真相的結論：法西斯主義。在意大利和納粹德國的法西斯主義經典模式下，意識形態確實是可以被忽略甚至被隱藏，只需要訴諸簡單的反猶主義和民族主義宣傳。在這意義上，「九號文件」的否定修辭所包含的虛無主義以及秘而不宣的形式本身，都非常吻合法西斯主義。郭玉閃等人和獨立NGO的命運代表了這一發展趨勢的犧牲品，也恰與「9.3」閱兵所展現的混合民族主義和軍事主義的法西斯主義相契合。

然而，如果我們倉促地將當下的政治態勢歸結為法西斯主義，就像簡單地歸結為極權主義一般，卻是一種思想的懶惰、語言的泡沫。因為，從古羅馬象徵棍棒團結的原始法西斯主義到納粹德國保護工業資本、凝聚中下階層現代法西斯主義，搞民粹平等、搞階級團結、推行強力社會控制、推行一套簡單卻有煽動力的意識形態是現代法西斯主義的核心要素，也是現代性的一個變形。反觀中國當下，並無一套團結人民甚至爭取新興資產階級的意識形態和系統政策，後者本質上就是新興公民社會的主體之一，卻面臨著嚴重的競爭不公平環境、過度稅負、財產權缺乏保障、利益表達受限等桎梏；底層人民亦然，得不到些許國家福利、平等對待和基本尊嚴，彷彿「9.3」閱兵的空曠街道所展示的人民缺位，歡呼也是被禁止的。只能說，如果郭玉閃等公民和人權活動者的命運代表著法西斯主義的崛起，那麼也更像是發生在占領區的法西斯統治。進而，當有限的意識形態話語開始談論歷史合法性的時候，從歷史或者世襲制尋求其執政基礎，那麼，我們便可以像潘恩那樣肯定，這不僅是一個沒有祖國的，還是一個徹底虛無主義的帝國。

九號文件

　　中共統治的一個主要方式是依靠文件統治，即無論黨中央的中辦還是國務院或者其他黨政機關，日常官僚事務圍繞著起草、宣讀（會議）和下發文件的過程展開，上級對下級、中央對地方的指導方式也偏重文件模式。文件還區分不同編號、密級、下發範圍和份數等。文件的重要性，對中國大陸的官僚和幹部的認知來說，其有效性和優先性往往高於法律，而這些黨政文件中往往也充斥著各種違反憲法和法律、以及強烈意識形態或者軍事術語的措辭。

　　所謂「九號文件」，係2013年4月22日中共中央辦公廳下發的一份「關於當前意識形態領域情況的通報」，和習近平其他場合的內部講話相配合，這份文件可視為他的意識形態指針，其中心在於「確保新聞媒體的領導權，始終掌握在同以習近平同志為總書記的黨中央保持一致的人手中」。該文指出，中共意識形態領域存在突出問題，面臨七種危險，要求警惕和根除。這七種挑戰是：

(1) 宣揚西方憲政民主，企圖否定黨的領導，否定中國特色社會主義政治制度。

(2) 宣揚「普世價值」，企圖動搖黨執政的思想理論基礎；

(3) 宣揚公民社會，企圖瓦解黨執政的社會基礎；

(4) 宣揚新自由主義，企圖改變中國基本經濟制度；

(5) 宣揚西方新聞觀，挑戰中國黨管媒體原則和新聞出版管理制度；

(6) 宣揚歷史虛無主義，企圖否定中國共產黨歷史和新中國歷史；

(7) 質疑改革開放，質疑中國特色社會主義的社會主義性質。

　　該文件要求在宣傳、媒體、大專院校、研究機構等所有意識形態領域禁止宣講以上七種內容，俗稱「七不講」，並要求清理相關人員，而引發一波持續性的意識形態清洗運動，多名大學教師被解職、解聘，圖書出版和媒體審查、互聯網審查都在此後大大加強，尺度縮緊。北京資深記者高瑜2014年5月因涉嫌將此文件副本傳遞給《明鏡》網站而被捕，翌年4月17日，被北京市第三中級人民法院以「向境外非法提供國家秘密罪」判處有期徒刑7年。

浦志強審判與烏鎮意識形態

　　正如中國的玄學家們所宣告的，中國在最近幾年裡經歷了一次空前的變革。從1990年代中期的宋強等到汪暉發展為一種席捲一切「普世主義」的潮流，也引發著中國社會和思想領域的巨大混亂。直到最近的烏鎮，終於以「互聯網主權」的名義，不僅確立了互聯網世界裡的民族主義，而且宣告了互聯網意識形態的誕生，終結了過去二十餘年的這一混亂。一個長期以來的貧困領域，一個最富革命創新精神的領域，第一次被一種數百年前就誕生的殭屍話語所霸據。從2013到2015的三年，在中國的這一倒退，比以往任何時候都要劇烈和反動。

　　特別是過去一年半來，北京司法機關對浦志強的拘禁以及近日法院對他的一審宣判，都在表明這一倒退所發生的互聯網領域，已經是一個真正的社會領域，和一個誕生在互聯網領域的意識形態是如何地警察化，粗暴地剝奪了一個著名人權律師的自由，然後以最初三十餘條而最終只有七條的微博言論，將之定性為煽動民族仇恨和尋釁滋事。相比2009年福州「三網民」案將網上言論定為誹謗

罪，那是第一樁互聯網言論入刑，激起了中國互聯網用戶波瀾壯闊的聲援抗議浪潮，對浦志強的互聯網言論入罪，則赤裸裸地意識形態化了。通過對浦志強的宣判，一個26年前曾經加入天安門民主運動的活躍人權律師，中國統治者在表明他們對互聯網的絕對專制如同天安門廣場一樣不容任何挑戰，任何的調侃、反諷、批評都可能被當作觸及統治的意識形態的威脅。

與以往的任何意識形態不同，如馬克思和恩格斯在他們著名的《德意志意識形態》中所說，那是發生在純粹思想領域的。在浦志強案一審宣判前一週，浙江的烏鎮舉行了第二屆互（ju）聯（yu）網人會。繼上屆「互聯網治理論」主題之後，當2015年烏鎮互聯網大會的元首發言提出「互聯網主權論」，這個由其「中國局域網總督」一般的親密代理人所打造的烏鎮大會，終於向世人敞開了它的初心，那就是，發生在一個「互聯網社會」中的思想和言論宰制。由此標誌著一種互聯網意識形態的誕生，也可能是中國特色意識形態的唯一有效含義，而非那要求每個小學生都能背誦、裝飾大街的24字、也非前任的「科學發展觀」、更非前前任的「三個代表」。

換言之，在過去三十年的市場自由化進程中、尤其是1989之後政權合法性幾乎只繫於經濟績效和財富增長，意識形態面臨著日益退縮和虛偽的尷尬境地，這是任何一個市場－威權主義國家不可避免的實用主義取向，即去意識形態化。而長者（編案：江澤民）在鄧身後提出「三個代表理論」，嘗試在介於社會主義與資本主義的「不爭論」的模糊區間打造一個個人的合法性支持。只是，在他任

內，努力加入世貿組織融入全球化的同時，《中國可以說不》、臺海演習和兩次反美示威卻開始轉向民族主義，也是今天互聯網主權論的歷史起點。其後的「科學發展觀」與和諧社會的意識形態，卻空洞無物，最終養成了十年的維穩政治，凸顯了政權意識形態的空心化。它所對應的，是這二十年間形成的中國模式，如霧霾一般充斥著三聚氰胺奶粉和地溝油的劣質產品和依靠低人權優勢、進行社會傾銷的廉價出口品體系，和權貴階級的驕縱不堪──一個主權階級的膨脹和侵略。

而與此同時，一個新興中產階級及其維權運動作為連接底層勞動者的政治代理力量。以基於互聯網為基礎的維權運動的興起，不僅通過互聯網第一次創造了自己的公共空間和公共輿論，而且通過社交媒體的連結、嵌入和深化，迅速改變了社會本體和社會結構。互聯網不再只是虛擬空間的代名詞，而是不斷地運動化、社會深化，互聯網成為新興中產階級中最富政治表達意願群體連結、動員最廣泛階級的一個社會媒介。互聯網就是社會，一個新興的人民主權的自發表達，與威權政治中的舊主權階級形成了平行、對抗的格局。

這或許才是互聯網主權論作為正式的政治宣言拋出之際，當烏鎮的幻想家和吹鼓手們都在歡呼正當其時應對所謂國際互聯網主權威脅的言辭背後，那些滿滿三個自信的中國主權階級所真正面對的來自內部的雙重挑戰：互聯網就是社會，和意識形態空心化。尤其當2011年茉莉花革命爆發後，互聯網本身被看作了承擔了這一雙重挑戰的主體，如軍報所言的「上甘嶺」──一個主要面向內部階級

衝突的戰場。而非僅僅如充斥烏鎮的各種傳說，如斯諾登事件或者六名中國軍方網絡戰軍官被美國通緝對主權階級神經的直接觸痛。

非特如此，便不能理解意識形態的階級性，也不能理解互聯網主權論所反映的，中國的真正主權階級對互聯網的實際主權者──超階級的我們人民─的無比害怕和管制藉口。在主權的名義下，總是便於與所謂互聯網安全掛鉤，作為國家安全的重要組成和屏障，寫進2015年新修訂的國家安全法，然後「合法」地進行各種全民監控、高築防火牆，把互聯網變成局域網，維繫主權階級對互聯網的霸權地位。

互聯網主權論也因此成為互聯網霸權的遮羞布。而霸權的存在，一方面以國家機器對互聯網言論實施無間斷無遺漏的審查、對互聯網行為實施最嚴格的限制、對互聯網產業實施高度管制等等。針對著名人權律師浦志強七條微博言論，12月22日由北京二中院定為煽動民族仇恨和尋釁滋事罪，判處三年徒刑（緩刑三年）。這起案例不過是過去三年來一系列「淨網行動」、打擊新興中產階級網絡輿論領袖而急劇增加的類似案例的一件，將互聯網完全納入警察國家的言論管制體系中的最新發展。另一方面，則是主權階級全面控制新媒體大亨，並以之為白手套，收購境內外傳統媒體，如南華早報等，並積極運用新媒體工具進行黨員動員、新媒體傳播（如創立澎湃、無界等），形成一個為主權階級服務的互聯網大型壟斷資本集團。他們也是烏鎮大會上的主要配角，洋洋自得堪與國際互聯網巨頭抗衡的民族企業。

然後，一個原本奉行自由、分享、互聯等新普世主義價值觀的互聯網，在強制與資本的雙重霸權製造的半隔離的局域網下，製造出了一個近乎不可能的互聯網意識形態，即互聯網主權論。彷彿回到了1648年威斯特法里亞和約前夕的叢林狀態，把一個大約十年前原本基於國際域名爭奪、近乎無厘頭的技術問題空前政治化了，以類似北極宣布主權的方式無恥地攬取了互聯網的主權。只是，這一宣示發生在烏鎮互聯網大會，作為過去三年新政權的產物，也是中國互聯網總督一手打造的傑作。尤其在以社科院意識形態中心為代表的新意識形態生產線的加工下，不僅試圖代表中國新經濟與達沃斯論壇分庭抗禮，掩蓋著舊中國模式下的低劣產品體系，而且先後以互聯網治理和互聯網主權論凌駕在與會的「互聯網＋」的眾多互聯網從業企業家頭上。在這種赤裸裸的霸權話語下，植入一個封建領主國家的陳舊和偽善的概念，一個弗蘭肯斯坦般的怪物誕生了。

　　一旦互聯網具有了意識形態，人為的弗蘭肯斯坦怪物，互聯網便發生了根本的結構性改變，儼然形成了內部的隔絕和衝突，如同冷戰期間鐵幕所分隔的共產主義和資本主義兩個世界，那麼，再也沒有什麼能夠妨礙一個基於互聯網意識形態對立的新冷戰的開始。不再是民族國家陣營或者資本主義體系之間的競爭，而是那些自稱互聯網意識形態的主權階級與所有互聯網用戶，也是無階級的真正的互聯網的主權者之間的競爭。包括浦志強在內，絕不是一個人在受審，也沒有人有任何審判他的合法權力。所有的互聯網用戶都堅信，必有那麼一天，將迎來對互聯網僭權者的審判。

2016

完美獨裁者的誕生

反腐運動接近收官：
紀委治國的到來

　　2016年夏天北戴河周邊的安保似乎比以往任何時候都嚴格，出京往秦皇島方向去的車輛都遭遇了仔細檢查，後備箱被打開，乘員和目的地也一一登記。中共中央的政治局會議就在如此這般的情勢下召開了，似乎絲毫沒有受到南方熱浪和華北水災的影響，當年7月26日公布了一份會議通報，將於10月召開六中全會。而且，此次北戴河會議的重點，是決定在六中全會上通過一項「黨內政治生活的準則」，針對中委以上包括政治局常委的監督。標誌著，習近平上任以來推動的「頂層設計」和反腐運動進入到一個收官階段：在建政六十多年後，黨內二號人物王岐山所領導的紀委系統終於確立了一個平行的監察體制，也正式宣告集體領導體制的終結。

黨內問責條例是什麼？

　　為北戴河會議定調的，卻是2016年6月28日的上一次政治局會議通過、頒布的《中國共產黨問責條例》。這是中共的紀律部門在

習上任展開反腐運動四年後的一個制度性成果，堪稱意義重大。就在北戴河會議前一天的25日，中國官方公布了郭伯雄一審宣判，這位前軍委副主席、中國人民解放軍的軍職最高首長被以受賄罪判處無期徒刑，也算是新鮮出爐《條例》的第一個祭品吧。如何理解這一條例，及其對中共未來政治的影響，就需要從《條例》條文對反腐運動的制度化指向來解釋。

該《條例》並不長，核心部分是所謂「問責機制」，可以追溯到一年前的2015年6月26日中共中央政治局的「集體學習」。在那次會議上，習近平提出要健全問責機制，堅持有責必問、問責必嚴，把監督檢查、目標考核、責任追究有機結合起來，形成法規制度執行強大推動力，包括對問責的內容、對象、事項、主體、程序、方式等做制度化和程序化處理。

顯然，這是反腐運動的一個制度化總結。經歷了四年全國範圍的黨風整治和反腐運動後，中紀委書記王岐山總結，紀委工作應「聚焦關鍵少數」，也就是對所謂領導幹部的問責。這是1949年以來最大規模反腐運動的指向，而非1960年代「四清運動」所針對的基層幹部。而薄熙來案結後，各界普遍擔心的反腐運動是否止步，也終於以問責制的落到紙面，試圖以黨的紀律－監察機關為主導建立其某種最低限度的責任政治，算是紅色中國1949年以來監察制度的一大進步。而此前，儘管可以追溯到最早1982年黨章「黨組織如果在維護黨的紀律方面失職，必須受到追究」、以及2004年十六屆四中全會第一次提出「問責制」的概念，但是在遮遮掩掩談論所謂

問責制的過去三十年裡，問責和紀委機關的實際政治地位一樣，處在職能曖昧不清、缺乏實質監察權的尷尬處境。儘管，按照透明國際中國部分執筆人、清華大學的郭勇2012年的研究，在改革開放的三十年裡其專業性、獨立性和黨內地位都明顯提高，有效地執行了反腐敗的使命。

可是，如果從監察角度，紀委作為1949年建政後就設立的紀律部門，長期以來因為問責制付諸闕如，並未發揮出基本的監察功能，很大程度上影響了中共從革命黨向執政黨的轉變。在問責制正式定案前的所謂責任追究，只是針對黨組織，而非個人。黨委（組）的集體領導製作為中共特色的組織領導方式，從基層到政治局，皆如此，由集體領導制的內部監督和制衡代替了平行監察。特別是，在1980年紀委的地方機構改名之後，例如從中共中央某某市紀委改為中共某某市委紀委，1982年中共十二大正式確認了地方紀委的「雙重領導體制」，紀委的垂直監察功能更趨弱化，如果對照兩千年中國官僚史的話，不難發現，這部21世紀的一部重要監察《條例》，其主旨竟然沒有超過漢武帝時期的《刺史六條》。後者是中國官僚史上第一部正式的全國性監察法規，其後兩千年中國歷朝歷代的監察法典，如曹魏的《六條察史》、北朝的《六條詔書》、唐朝的《巡察六條》、明朝的《憲綱條例》、清朝的《都察院條例》，莫不與它一脈相承。

《刺史六條》將地方豪強和二千石長吏即郡守一級主官列為主要監察對象，尤重後者，刺其不奉法令、聚斂私財、刑賞無度、殘

害百姓、選拔不公、阿附豪強、請託地方官等。一事一條，非常清楚，刺史的監察權也被作了限制，所謂「非條所問、即不省」。一言之，漢代以降，監察制度便秉持「徒法不足以自行」的精神，積極貫行對官員撫按並用或科道並舉的監察監督，也包括對皇權的諫制，才有兩千年儒家官僚制度和專制的穩定，即便元朝亦襲監察舊制。監察官員，亦從漢代刺史開始，獨立於行政官員，發展到宋朝的御史、明朝的監察御史，成為專制皇權制度中最為重要的、充當皇帝耳目、堪「治左右手」的一系官員。到清朝，監察制度發展到頂點，同領監察職責的總督和巡撫都成為地方大員，某種意義上，監察權取代了行政權。

從上述最為簡略的歷史梳理，方能理解中國今天黨治模式下紀委監察《問責條例》的地位和功用，並理解反腐運動對習政權的意義。事實上，《條例》核心也是六條，不多，卻算是比過往的模糊規定第一次明確了紀委監察官員的六個方面：領導弱化、重大失誤；黨建渙散和作風問題；治黨不力、不擔當；維護紀律不力，造成違紀泛濫、團團夥夥等；反腐不力；和其他。如王岐山在2016年7月19日《人民日報》發表署名文章所總結的，主旨也就六個字：忠誠、乾淨、擔當。

換言之，過去的平級紀律監督模式，完全囿於地方大員的操縱，其監察職能則流於形式，並無明確的監察目標設定和有效的監察機制，所謂反腐也是一般化的、選擇性的，實際工作中更多是為配合上級機關而進行，若無自上而下的反腐運動動員，這套紀檢─

監察體系也形同虛設。只有在《問責條例》之後，紀委方具備了西漢時代《刺史六條》一般的監察機制。

但是，反腐運動進行三年多之後，在以腐敗為名相繼打倒了薄、周、令集團、江蘇系、以及軍內大老等等舊的異己力量之後，政治忠誠超過了官員操守，確保官僚主體對習的個人效忠成為中共紀委監察最為關注的使命，也是王岐山在最近幾次巡視組會議上反覆強調的，紀委巡視組的任務是政治巡視，解決的是效忠問題。這道出了1949年建政後最大規模的反腐運動的實質，也表明黨內問責所追求的責任政治，乃效忠第一、乾淨第二。而官員擔當也即通常意義上的責任則居其末，但被「問責制」如此強調，卻也凸顯反腐運動四年來各級官僚的普遍怠政。

接下來的問題就是，到底是以《條例》重新確立的中共問責－監察體制，到底是不脫明朝以前監察官員「以卑察尊」且權重的巡按、御史模式，還是清朝監察權膨脹實行行政監察合一的總督、巡撫模式？即中國官場內部現在議論紛紛的，地方紀委官員是否將凌駕在行政主官之上，或者至少作為一個平行副手，實際掌握著地方各級黨委（組）的權力？事實上，早從2013年底的中共中央十八屆三中會議後，中央紀委強調的「雙重領導體制」愈加傾向中央提名和任命地方省一級的紀檢書記，改變以往多由地方平級提名、任命的做法。而且，這些紀檢書記不再擔任「副書記」一職，而是專任紀檢書記，表明地方紀檢機關在迅速垂直化。王岐山在中共黨內的領導地位也由此可見，習近平也借此加速了個人集權。如此發展，

一反胡溫任內地方官坐大和紀檢地方化的趨勢，中共的黨國關係接下來將如何調整？

依靠紀委治國？ ─────────────────

在漫長的兩千年專制歷史中，中國的政治主線有兩條：皇權和官僚體制的水平關係，和中央與地方的垂直關係。監察制度從一開始就伴生其側，集中體現也平行著這兩條線的交織關係。理解中共紀檢監察制度的調整以及它對整個統治制度──黨國體制的影響，也需要從這兩個維度切入。

習之前的胡溫任內，也是地方大員最為活躍、「政令難出中南海」的時代，有著名的「鐵本案」，也因「弱主共治」下的無能或曰「放水養魚」製造了薄熙來的「重慶模式」，利益集團坐大、勾連著政治局常委，一個從上而下的官僚資本相互庇護、分肥、共謀的利益集團政治逐漸成為中共的政治常態。與此相對應，黨內一直存在三種改革聲音：一曰黨內民主，主張依靠黨內民主約束黨政官員，然後逐漸擴展而成廣泛的憲政民主，甚至可稱所謂「社會主義憲政」道路，包括了當下的諸多「黨內健康力量」和改良主義；二是新權威主義沉渣泛起，如貝淡寧2015年發表在《大西洋月刊》3月的文章，指中國未必需要民主。這位清華大學的美籍教授甚至拋棄了早先的儒家民主論斷，而是認為中共目前的官員選任和「賢能政治」（meritocracy）遠遠超過西方民主的競選機制；三是強調頂層設計和國家治理的制度主義流派。這三種主張，早已遠離1980年

代的「黨政分離」，而是側重黨政關係的不同方面，即黨國體制的改造問題。

相對此，習政權過去四年一連串令人眼花繚亂的頂層設計，如以多個非正式領導小組架空政治局常委分工制、以設立國安委重建了國家安全體制、以軍事指揮體制改革和臨戰態勢集中了軍事指揮權。另一方面，從習上任以來，中共的反腐運動一直與黨建運動相結合，以黨風整飭為中心，從最初的「八項規定」到「四風建設」、再到「三嚴三實」和「兩學一做」。黨的「先鋒隊」性質，在江－胡時代久違多年之後被重新提起，並變成「黨媒姓黨」的政治宣示和意識形態清洗，包括今年上半年對多家互聯網門戶網站、新聞網站和黨內自由派刊物《炎黃春秋》的整肅。

如果再結合2015年底開始的全面「黨員登記」和傳說中的「縮減黨員規模」的政治耳語，外界只可能得出一個結論，對一個已經在1992年後開始的威權主義市場經濟中轉型而成的官僚－資本政黨，習近平和王岐山試圖以反腐運動和政治清洗，避免一個事實上趨近人民黨的大規模政黨完全混同於社會經濟，重倡列寧主義的先鋒隊模式，以強化個人效忠的政治凝聚力，幫助他改善對官僚體制、對社會和資本的控制。因此，外界能夠觀察到黨建和國家主義雙向同時加強的趨勢，後者更有所謂頂層設計和民族主義運動來加強，其結果非常類似於1930年代後期的德國和蘇聯，一個原教旨主義的黨國模式。

《問責條例》在其中，官僚體制內部垂直責任的格局並未改

變，只有加強，而且前所未有突出了黨中央對官僚政黨、包括中央委員和政治局常委成員在內高級官員的政治效忠。但是，這一制度發展，到底是以黨主導的紀律和監察制度來加強對官僚體系的控制，如傳統中國成為為皇權服務的官僚制度的一部分，還是以紀委－監察來落實依法治國，即依法治黨然後以紀委治國，存在著微妙的不同路徑。

仍然對照中國歷史，唐太宗時，曾把全國各州刺史的名字記在屏風上，「坐臥恒看」，以監察治國已有先例。當唐太宗再設全國十道（後改為十五道）監察區，派遣巡按使（巡視組）考察，道遂漸成高於州的一級地方政權機關，算是清朝總督、巡撫制的雛形。而元一代，類似的（派出）行御史臺設置的地方，則是因為當地反元鬥爭最為激烈。這似乎也頗合當下中共中央紀委巡視組的派出地，從湖北、江蘇到中宣部等等，無不摻涉激烈派系鬥爭和地方治理危機。最新的，7月28日一則來自《中國紀檢監察報》的消息，中紀委直接表示要擔當習近平7月20日在寧夏「東西部扶貧協作座談會」上發布的「脫貧攻堅的重大政治任務」，表示要把「把紀委擺進去」，在這項具體的政策實施層面全面介入政策督導，包括對扶貧項目和資金的監察，甚至由中紀委秘書長楊曉超帶隊率領紀委機關，在銀川扶貧會議之前入川，開展對口扶持四川涼山州雷波縣和樂山市馬邊縣。

似乎，反腐運動正在逼近收官，作為王岐山反腐運動的制度化成果，甚至他個人的政治遺產，中紀委《問責條例》正在把黨鞭塑

造得愈加粗壯有力。一方面如特務機關一般開始嚴密監控黨政高級幹部，驅動著他們改變「懶政、怠政」的消極作風；另一方面，開始深度介入原本屬國務院和地方官僚體系內部的政策和執行督導，大有紀委直接領政的態勢。

　　只是到底如何發展，在未來是否可能演化成巡視組合併監察權和行政權的紀委治國，端賴今年秋天即將召開的「六中全會」對黨內作風新原則的進一步申明、以及明年「十九大」的人事鬥爭。唯一可以明確的是，一個日益監察制度化的官僚體制，正在加速排除著任何朝向無論黨內民主、參與民主或者更大範圍民主轉型的可能，而服務於更為個人化的集權體制。

新毛主義還是新傳統主義？
談六中全會和政黨轉型的若干問題

　　也許不用多少年，人們就會意識到，2016年10月召開的十八屆六中全會意味著中共的一個轉折。只是，到底這一轉折是通向崩潰還是鞏固，可能一時間並不容易看得清楚。然而，透過此次全會確立的習近平「核心」地位以及他主導通過的《黨內生活作風準則》（以下簡稱《準則》）和《黨內監督條例》（以下簡稱《條例》），外界不僅可以清晰地看到過去四年習近平個人的集權化努力和中共的反腐運動正在接近收尾，更重要的，還可以發現，反腐運動已經大大提升了反腐運動的機器──紀委在黨內的地位和角色，甚至改變了黨自身的型態。

　　也就是說，從紀委角度觀察中共黨的型態轉變，可能較諸「核心」角度更為重要，儘管人們也許可以輕易從本次全會「一個國家、一個政黨、一個核心」的宣示中得出習已經取得過去三十年來中共領導人最高實際權力的結論，甚至推出中共在轉向「個人黨」的趨勢研判。類似的解讀在會後充斥媒體，但是，更長期的、制度

性的趨勢往往為人所忽視，焦點更容易滑向個人化的權力鬥爭，也難以解釋中國政治變動的內部動力。在這個意義上，十八屆六中全會，雖然是一次閉門會議，卻是一次絕好的窗口，可以檢驗以往對中共政治的觀察和假說，做出校正，然後得出未來的長期趨勢。

撮其要者，本文分述三點，涉及此次全會從表及裡試圖解決的三個關鍵：「核心」問題、組織內捲化、和政黨轉型問題。核心問題，媒體議論較多，天津新任市委書記李鴻忠在會前也高調喊出對核心「絕對忠誠」，誠然此次全會和《準則》的焦點問題；而組織內捲化，則是一個學界談得不多，政界和媒體的絕大多數人聞所未聞的，卻可能是習上任以來始終憂心忡忡的現實問題和制度痼疾，也是反腐運動和《準則》力圖挑戰與改變的，可作為理解紀委角色和中共轉型的關鍵；至於由此中共將發生怎樣的政黨再造或者轉型，相信仍然是一個絕大多數人想得不多的理論問題，和新毛主義一樣，亟需提出、思考。

「核心」問題

中共95年的歷史，幾乎就是路線鬥爭、派系鬥爭的歷史，從未斷過。但是，在中共黨史早期，這個黨的領袖──總書記的權威既來自列寧主義的黨組織本身，也來自蘇聯－第三國際的背書，並無核心之說。毛氏雖然在「七大」後便獲得黨內超然的領袖地位，但也曾在「三面紅旗」後被迫「退居二線」，直到發動文革才重新專斷。中共黨內核心概念的真正提出要等到1989年天安門事件。

1989年5月26日，面對學生的民主運動和黨內的反對力量，陳雲在主持中顧委常委會議時，首次提出「我們作為老同志，現在要堅決擁護以鄧小平為核心的黨中央……」到6月16日，鄧小平在與江澤民和李鵬談話時正式論述了「核心」概念，他說，「任何一個領導集體都要有一個核心，沒有核心的領導是靠不住的」。他借助「核心」比擬第一代領導人毛澤東，而自我確認此前長達十年事實上的「核心」地位，為鎮壓民主運動、廢黜趙紫陽的決定尋求黨內合法性支持，並在十三屆五中全會上加持其指定的「第三代領導核心」江澤民。

　　因是之故，江澤民雖然以技術官僚之身入得大寶，卻挾「核心」皇冠，才得以在鄧後的後強人政治時代保持巨大權力，開啟了市場經濟改革，一個圍繞核心的裙帶政治也逐漸形成。待到胡錦濤時代，雖有鄧的「隔代指定」，胡在性格和派系基礎的軟弱導致他始終無法擺脫前任核心的陰影，也讓中共高層的裙帶政治在中國經濟加入世貿組織後的迅猛發展進程中，得以在集體領導的常委制下逐漸發育成「官商結合、權貴庇護」的寡頭政治。此種寡頭政治，既是習近平上任伊始面對的黨內腐敗癥結，也是中共新的派系政治或者政治競爭的基礎。他所發動的反腐運動因此有著雙重任務，並不完全出於權力鬥爭的需要，也是此次《準則》和《條例》著力應對的問題。

　　只是，如果對照毛、鄧、江三代核心的確立過程，不難發現習近平的「核心化」簡直集毛、鄧於大成，而跳過江、胡，難怪上臺

便與江的「第三代核心」切割，自詡「第三代」領導人。簡言之，儘管官方黨史把毛的領袖地位追溯到長征途中的遵義會議，但是直到1937年抗戰爆發前後，陳伯達來到延安，與相同旨趣的毛澤東結合共同提出了「馬克思主義中國化」理論，然後毛以運動手法推動，包括發起哲學討論、以《矛盾論》等樹立自己的意識形態權威地位、同時（1938-40年）開展「幹部教育運動」、發展到1942年的「整風」運動，才最終在1943年樹立起毛的個人崇拜，在1945年春天的「七大」上正式確立了「毛澤東思想」，也就是毛的黨內核心地位，並得到了莫斯科的認可。鄧小平則是利用人民不滿和1978年的「西單民主牆」運動，發動黨內的「真理大討論」，才得以召開轉折性的十一屆三中全會；並於1979初推動中美建交、發動對越戰爭贏得西方世界的支持並清洗軍隊；團結「八老」，最終在1981年的十一屆六中全會上為第一代領導核心「蓋棺定論」、罷免華國鋒後出任軍委主席職務，並在翌年的「十二大」上設計、成立了「中顧委」，自擔主任，取得黨內「最後拍板」的核心地位。

習的上位是在黨內派系日益分化、複雜化的背景下，並無江、胡的指定成分，有很大的偶然性，但也和鄧類似，都得到一群革命精英（二代）的支持。上位之後四年的核心化過程卻兼具毛、鄧兩條道路，即都以並行或者間行意識形態論戰和暴力鎮壓的方式展開路線鬥爭，隨路線鬥爭的開展搞團結、分化，重新劃分派系和陣營。一方面，無論毛通過馬克思主義中國化的哲學討論批判王明路線的「教條主義」、還是鄧發動「真理大討論」批判「兩個凡

是」，都是以民族主義戰爭或者政權不穩作為背景。毛在抗日戰爭爆發的背景下，他利用陳伯達的論述區隔莫斯科的「統一戰線」政策，後者對應著國統區的文化保守主義和王明的正統馬克思主義，而奪得路線主導權。在阿富汗戰爭爆發後，鄧小平以對越戰爭和放棄在亞非拉世界輸出革命而換得西方世界的支持，成功地以冷戰綏靖為實用主義的改革開放路線創造了條件。另一方面，他們核心地位的鞏固都以內部清洗為前提，沒有1942年的「整風」運動也難以召開「七大」，陳雲和鄧小平在1989年的核心之論都以天安門的鎮壓和對黨內反對力量的清洗為代價。

如此，方能理解習近平在過去四年先後發動意識形態領域的鬥爭，以類似1943年底延安的「邊區高幹會」的方式在2012年多次召開「紅二代」座談，模仿1942年整風運動中延安文藝座談會的方式召開新的文藝座談會，倡導儒家傳統、反對西方普世文明、樹立「社會主義核心價值觀」的方式，回歸瓦爾德意義上的「新傳統主義」——美國漢學家們對毛主義如何繼續的經典解讀；並且，是在「915」、南海緊張、顏色革命、香港問題等等一系列可能是被渲染、營銷的民族主義危機和黨的存亡危機的背景下取得危機授權，然後同時展開反腐運動、淨網運動、和對公民社會的鎮壓。換言之，這樣一種意識形態、社會、政治領域多管齊下、「兩手都要抓」的運動式鬥爭方式，其導向正是為了「核心化」。十八屆六中也因此可說是「七大」和十一屆六中、十三屆五中的合體，或許標誌著「新毛主義」的崛起。

組織內捲化與新毛主義 ————————

那麼，什麼是新毛主義？畢竟，人們要問，確立核心到底意味著什麼，僅僅是強化個人集權嗎？也許，僅僅通過過去四年核心化的過程來定義新毛主義可能還為時過早。澳大利亞著名記者克里・布朗的著作《中國和新毛主義者》，從張志新寫到鄧力群和薄熙來，記錄了毛身後新毛主義者的興起，卻也未能對習與新毛主義的關係做理論總結。十八屆六中全會同樣未能提出與毛澤東思想、鄧小平理論相媲美的習近平思想或者習近平理論，那也許要待到「十九大」或者更晚。

儘管如此，美國資深中國問題專家安德魯・瓦爾德2015年出版了《毛的中國》，在已經汗牛充棟的毛澤東傳記和中國當代史著作中又增加了一本。他對毛時代的重新解釋，雖然並無更多新意，但是再次確認了毛從最初的「馬克思主義中國化」如何一以貫之，一方面在1956年「秘密報告」後在共產陣營裡堅持史達林主義，另一方面以史達林式的清洗運動「不斷革命」，試圖打破官僚體制。

在毛看來，層級的官僚體制本身就是腐敗的根源，而需要「不斷革命」，包括下放勞動和「三結合」。留美學者呂曉波在2000年便提出了一個相應的假說，認為從「大躍進」以來，即毛之後開始「退居二線」，也是中共「組織內捲化」的開始，也就是中共體制性腐敗的根源。按照呂曉波《幹部與腐敗：中共的組織內捲化》一書的說法，大躍進正是所謂組織內捲化的開始，「三面紅旗」引發

的毛和官僚體系的衝突政治在於黨的官僚們抗拒革命的凝聚而領袖又拒絕官僚們的程式化,「當革命運動拒絕逐漸地官僚主義化又無力繼續以革命動員的方式整合組織的時候」,邊際績效遞減的內捲化便發生了。

中共的此種組織內捲化與毛主義並行,它們之間的緊張既可看作中共內部鬥爭乃至改革的內部結構性動力,也可解釋中國的體制性腐敗根源。在很長一段時間裡,組織的內捲化直接導致如體制內普遍設置小金庫、大建樓堂館所等招待性設施和奢靡的吃喝招待風氣,也包括習近平在本次六中全會上提到的「團團夥夥吹吹捧捧」等。就在呂曉波提出這一假說的前一年,時任總理朱鎔基主導發動了反腐運動,最終無疾而終。而習近平過去四年從「八項規定」到「打老虎蒼蠅」的反腐運動,頗有毛氏作風,以重新樹立黨內生活作風和從嚴治黨的方式在挑戰積弊日久的「組織內捲化」。

不過,在江、胡時代,組織內捲而制度腐敗,已非小金庫之類那麼簡單,從裙帶政治到利益集團,黨的型態本身也在發生深刻轉變,往碎片化和庇護政治發展,黨內原有的派系、山頭愈益模糊的同時,出現了寡頭化型態,才有所謂「團團夥夥」之說。如此「黨內野心家、陰謀家」的溫床,產生了周永康、薄熙來、令計劃、和徐才厚的權勢集團,以及各地各種「窩案」,尤以山西、能源系統為嚴重,腐敗機制催生了新的派系政治。這或許正是此次全會召開的背景和主旨所在。

因此才不奇怪,與1980年十一屆五中全會通過的《關於黨內政

治生活的若干準則》相比，前者強調民主生活、反個人崇拜和幹部的專業化、年輕化，而十八屆六中全會的《關於新形勢下黨內政治生活的若干準則》則強調維護中央權威的核心論，強調組織紀律和操守，整個反其道而行。換言之，核心化的核心，反腐運動之所以到後期演變為「講政治」的「政治巡視」，主旨應與毛發動文革相去不遠，都在於試圖逆轉組織內捲化趨勢。

所不同者，其一，習並無能力發動文革式的大規模運動，只能仰賴黨的機器本身發動連續、小規模、局部的清洗，也包括組建各種臨時性領導小組，以多個「中央文革小組」的方式架空政治局，事實上廢除了常委級別的分工負責制，後者在江、胡時代已經演變為黨內新裙帶或新派系政治的機制；其二，習並無歷史包袱，無需集合共識重寫「關於建國以來黨的若干歷史問題的決議」，也沒有採取毛的下放幹部和成立各級革委會取代官僚機構的做法，而是相反，傾向於各種制度化建設，即所謂「頂層設計」，來解決組織內捲化問題。這也許是新毛主義與毛主義的最大區別。

例如，六中剛結束，以紀委為主體的「監察委員會」就鋪開試點，首選北京、山西和浙江為試點省市。一方面，這是對紀委反腐的論功行賞，擴大紀委和監察機構，做實紀委對整個行政系統的監察權力。另一方面，如《條例》所反映的，加強紀委的垂直監督，既包括紀委系統本身垂直領導的加強，也包括增強紀委對下級機構的監督。特別的，對所謂高層幹部包括中委的監督，成為黨內監督的重點。黨內固有的派系活動特別是高層的政治動作，便都將籠罩

在嚴密的監視體系下而受到遏制。

這麼一來，如同國安委建立了向習個人負責的情報、安全協調和決策機制，加強黨內監督和監察委員會的建立最終都服務於最高元首對黨和官僚系統的控制，非常接近中國傳統政治監察體系服務於皇權控制的角色。「一個國家、一個政黨、一個核心」的高度威權模式便昭然若揭。

政黨再造和新傳統主義

然而，問題依舊存在。中國研究領域內的理論假說或許可以解釋反腐運動的動力和紀委的制度化，但是，習政權的制度化傾向以及未來方向如何評估呢？畢竟，如此重大的變化可能誘使中共再次發生政黨型態的轉型，不僅未來數年中國政治精英層的人事變動和派系格局面臨重組——事實上，六中全會剛結束，一系列官員調動就開始了，「之江系」終於控制了北京市委、市府的關鍵職位，這批人馬還替換了國安部、民政部等部長級官員；而且，中國和世界可能都必須面對中共與之新的關係。

與此同時，洞悉北京政局的觀察家早就開始預測這位中國政治強人在未來是否會繼續推動修憲，是否會延任，核心與國務院的關係何去何從，等等。這些都需要我們進一步追問中國一黨制下再次樹立核心的含義、核心是否因人而設、或將形成制度？

理論上，這些追問都涉及到一些最根本的問題，如薩托利所追問的一黨制的政黨「所面對的難題是誰將統治黨本身」；也可能

觸及一黨制下政黨與社會、國家的關係，中國的黨國體制到底出現了怎樣的變動，到底多大程度上扭轉了毛時代黨統治行政、吸收國家的情況，在今天又如何吸收或者引導新興的社會力量和社會衝突，等等。這些根本問題既是追問「核心政治」，也是衡量所謂新毛主義是否成型、以及習和新毛主義關係的指針，具有極強的現實意義。

坦率地說，如果沿著「組織內捲化」的進路，繼續從歷史角度觀察，便會發現六中全會對反腐運動的制度化收官以及過去數年甚囂其上的各種「頂層設計」的制度主義討論，與毛主義的無政府主義、運動式、委員會制恰好相反；傳統文化特別是儒家價值觀的復甦，以及監察制度的重建方向等，都更合乎中共官僚組織內捲化的結果──「新傳統主義」。

在安德魯‧瓦爾德三十年前（1986年）出版的經典著作《共產主義的新傳統主義：中國產業中的工作和權威》中，無論毛主義和官僚體系之間如何衝突、各種運動如何影響，貫穿在中國國家和社會關係中的一個持久性因素，是工人與企業之間的「組織依賴」及其特殊的制度文化，也就是新傳統主義。雖然這一聚焦於傳統計劃經濟下國企勞動關係的解釋，距離今天的現實生活似乎已經相當遙遠，但是，支持此種關係的劉少奇風格的「共產主義儒家」式的新傳統主義仍然極其強大。

其今天代表，也許不是習本人，迄今為止他更多述而不作，尚未找到陳伯達二世奠定意識形態權威地位，倒是反腐運動的組織

者、紀委書記王岐山，以1980年代中國自由主義思潮的背後支持者和改革開放政策重要智囊的身份，在過去十數年間積極地干預意識形態的傳統主義文化轉向，在黨內各種會議上鼓吹民族主義的、文化主義的和制度主義的論調，並罕見地與弗朗西斯・福山、青木昌彥等美、日知識分子公開對話，談中國道路問題。

也許是在中共黨內官僚體系深耕多年的王岐山，作為中共黨鞭或者二號人物，很大程度上復甦了劉少奇意義上新傳統主義的意識形態。雖然他未出版諸如新《共產黨員的修養》之類，卻也與習一道同樣提倡陽明心學，重視整頓「黨的政治生活作風」。新《準則》保留了與1980年版舊《準則》同樣的黨員要求，「說老實話、做老實事、當老實人」，且更強調所謂「三會一課」的組織生活、學習制度，充滿強烈的儒家色彩。

換言之，王岐山和新的「整風」屬更「親官僚」的新傳統主義，而非原教旨的毛主義。同時，與習曾經的敵手——另一位公開的毛主義者薄熙來相比，他們都更謹慎地對待民粹式的大規模運動，也更注重各種制度主義的建構，毋寧在清洗官僚的同時再造新的官僚體系，而且已經明確表明拒絕向西方學習的態度，而是試圖回到中國傳統儒家價值和制度。這種新版的「中國化」，或修正的毛主義，可能正在急劇地再造著政黨型態，其指向，只能是習念茲在茲的所謂「偉大民族復興」，如同「一個國家、一個政黨」和無論「一個主義」還是「一個領袖」所指的，一個民族國家的重建問題。

這是毛時代囿於國際共運而尚未完成的一個事業，也是傳統的共產黨人與他們曾經的競爭對手——現在臺灣的民族主義政黨國民黨的區別所在，卻從1990年代中後期復甦，從1996年臺海危機和1999年中國駐南使館被轟炸所引發的民族主義運動開始，逐漸成為中共唯一有效的意識形態指針和合法性基礎。習2016年6月造訪塞爾維亞期間，專程為駐南使館遺址獻了花圈。而他過去四年大部分的外交行動，如釣魚島問題、南海問題、「一帶一路」戰略，甚而對臺關係、對香港問題的處理，都表現出強烈的民族主義傾向。在這一點上，他繼承了江澤民的政治遺產，保持了中共的意識形態連續性，也是他的黨內合法性基礎之一。

　　只有圍繞民族國家建設，才可能理解他的新傳統主義回歸——對毛主義的修正，理解他為何致力於集權式的、也是國家主義的制度建構。而對剛剛才回到民族主義國家建構的中共來說，這一新傳統主義的回歸更像是應對若干經典的挑戰。

　　因為，無論瓦爾德意義的新傳統主義還是薩托利對一黨制的懷疑，都是政黨在國家－社會關係中的角色，也是引導中共在過去十數年極力探索轉型、卻又不確定的。自「三個代表」拋出後，中共一度採取了廣泛吸納社會精英的政策，特別是民營企業家和知識分子。黨內外要求轉型成社會民主黨或者人民黨的呼聲也在21世紀初隨《炎黃春秋》發表謝韜的文章而興起，縣域層次上各種「協商民主」的試驗頗為熱鬧，各式公民社會組織隨維權運動的興起得到相當發展。薄熙來的原教旨毛主義派系（儘管也被稱作新毛主義）也

在這一背景下，隨中共的寡頭化而興起，不過最終與公民社會力量一道都被新傳統主義的主流力量分別當作對黨和對政權的威脅。他們所具有的，所共同的，是自治和結社；所挑戰的，是政治效忠。

但無論是社會自治、地方自治還是黨內獨立派系，均不見容於追求民族主義認同的官僚政黨；他們也放棄了吸納新興資產階級的政策，甚至拒絕自身的資產階級化。這裡的新傳統主義指向當然不僅是儒家共產主義，而是張木生在胡溫執政最後幾年所鼓吹的「回到新民主主義」，即回到1940年毛發表的《新民主主義論》所提出的「無產階級的社會主義民主」，而非與資產階級或者小資產階級的合作，根本放棄了「三個代表」，也回到了早期毛主義。

而在網絡代際方面，他們同樣屬「早期毛主義」的一個龐大的革命後代，並在1970-80年代修正的也是晚期毛主義時代隨「幹部解放」回到主流、成為改革開放之初的領導集團，但在1992年後市場經濟的年代裡隨年輕技術官僚的上升和黨內新派系政治的寡頭化而逐漸邊緣化。這或許才是一個遠遠超出簡單「紅二代」的紅色官僚集團，他們有著強烈的懷舊感，也擁有雄厚的資源網絡，作為最初擁戴習的黨內基本力量，很大程度上能夠影響決定習近平上任的謝淑麗所說的黨內「選舉人團」。

相對毛主義來說，其上輩，如1940年最早編輯毛澤東選集的鄧拓、最早提出毛澤東思想的劉少奇，深諳黨的「制度文化」，他們既是組織內捲化的主體也是新傳統主義的主體，既是毛主義的受害者如劉源和習本人，也能夠輕易地以新傳統主義也就是實用主義

的方式對待毛主義，如第二代領導核心鄧小平。鄧本人既有留蘇背景，也是最早、最堅定的毛主義者，卻親手修正了毛主義，代表了毛主義晚期的實用主義路線。

因此，習的民族主義路線毋寧是繼承鄧小平的實用主義路線，卻可能隨時以毛主義但更小型的「不斷革命」手法轉身對付組織內捲化──也就是那些新官僚和寡頭集團。民族主義的國家建設便提供了新的「革命」動力，儘管它是以「改革」的名義進行。由此，才可能再造政黨，以劉少奇式的「儒家共產主義」結合列寧主義的紀律和組織要求，要求黨內的嚴格效忠，克服官僚主義和派系分化，重新把自身當作民族國家建設的先鋒隊、也是唯一的國民表達和渠道，以民族主義政黨的型態實現國民效忠。

全球化時代的中國化 ─────────────

或許我們可以說，習近平的路線不是簡單的毛主義，而是在結合毛、鄧、甚至結合毛早期和晚期，當然也包括原教旨意義上的毛主義，所集大成者，也就是他所說的結合「前後三十年」的結果。其指向，則如十八屆六中全會後的孫中山誕辰150周年紀念大會上，習近平的演說為這一民族主義國家建設和政黨轉型做的最新闡釋，一個全球化時代的中國化。

巧合的是，也正在民族國家建設的意義，以21世紀新世界主義維度來衡量屬保守主義的右翼國家的意義，這條新毛主義或者新傳統主義路線的復甦，以川普贏得美國大選為標誌，都在人民對民族

國家的憂慮中，利用民粹主義的支持，不約而同地在後全球化的動盪時代建立起一個鬆散的極右政治聯盟。

歷史彷彿回到了1930年代。

「打鐵還需自身硬」：
習近平的政治話語分析

　　自2012年上任以來，習近平真實的政治意圖對大多數人來說始終撲朔迷離。雖然他已經做出了海量講話，文字之多，頻率之高，都可謂空前，這本來是對一個不透明政治體最為可靠的解讀材料，但是迄今為止，外界對他的話語分析極為不足，僅有內地學界少許碎片化的解讀，對習的話語風格特別是外交演講的話語策略的宣傳式分析，妨礙了人們的政治判斷。

　　而「每一個語詞都有一個意義」，這是維特根斯坦在《哲學研究》開宗明義的一句話，也是話語分析特別是政治話語分析的基礎。不同於文本分析，政治話語分析既要分析政治講話的演講人和受眾關係，也要分析講話和文稿的主題、修辭、句式和構式，做話語的批判性分析（CDA），才能得出話語和當下政治的關聯，如傅科的「話語就是權力」所指向的分析路徑，儘管實際政治生活中政治可能按照雙重話語系統進行，就像余華小說《許三觀賣血記》裡人們可能「運用毛氏語言做正確的事情」，抑或相反。

事實上，習近平三年來的講話頻率之高、內容之廣泛可能創下了1976以來歷任中國最高領導人的記錄。以新華社網頁上「習近平活動報導集」所列舉的習講話為例，習近平在2013年全年發表演講或文章總計102篇，2014年達到117篇，2015年略少，為75篇，而2016年截止5月3日已有40篇。2014年顯然是習近平演講最為頻繁的一年，平均三天一次講話。這一年，是中共中央成立各項專門領導小組最多、習的個人權力開始集中的一年。這一年，也由中宣部第一次印行了《習近平總書記系列重要講話讀本》作為黨員讀物、以及《習近平談治國理政》（中英文版），前者當年發行了1500萬冊，2016年再次編輯出版，後者則向世界範圍發行。

　　不過，新華社官網上的這些講話，並沒有包括過去三年一些最為重要的會議講話，這些會議並非中央的例行會議，距離上次會議時間短則8年，長則37年，屬專門召開性質，涵蓋當下中國政治的重要領域。特別集中在2014年底到2016年初的一年間，分別為中央外事工作會議（2014年12月）、中央統戰工作會議（2015年5月）、中央群團工作會議（2015年7月）、全國城市工作會議（2015年12月）、中央民族工作會議（2016年1月）和全國宗教工作會議（2016年4月）。這些會議的規格之高超出以往類似會議，也超出往屆政府，既顯示了習的執政興趣和方向，也顯示習的權力穩定後著手制定戰略性的長期政策。

　　只是，這幾個可能是過去三年來最重要、最敏感的全國性會議上習的個人講話全文迄今沒有全部公開，外界只從官方新聞報導

中瞭解到片段。此情形，與2015年12月黨校工作會議上的講話直到2016年4月30日才由《求是》雜誌全文公開相同，表面大部分這類講話都是內部有針對性的講話，然後在一段時間後才選擇時機開動宣傳機器向外散布，而真正的政策影響者往往都在局外，符合「垂直宣傳」的宣傳模式。其實，連同這些講話前後的黨內文件，在過去三年甚至「十八大」之前，「中辦」即從全國各系統抽調得力幹部，組成各課題的寫作班子，總規模可能逾數百人，在中南海日夜為習起草這些重要講話和文件，頗類80年代改革之初的「海里」氣象。也因此，習的這些講話，以及專門會議，雖然從外界看來相當突然，實則凝聚了體制內技術官僚精英的成熟看法。只是，經由習身邊文膽潤色、再由習本人親自「表演」後，若拋開政策解讀，只關注其話語意義，就不難從話語中發現習個人的印記和風格。

口語化風格

首先，儘管不脫中共的慣用語言，習的多數講話都充滿著相當強烈的個人色彩，尤以口語化運用為突出，給人印象深刻，與前任胡錦濤的拘謹八股風格形成強烈反差。他往往以親身經歷的小故事開場或者穿插其中，在官僚習氣沉痼的中國官場，確有話語突破效果。如他在2014年10月15日的文藝工作座談會上的講話，既引述了他當知青讀書的故事，還回憶了1982年任職正定縣委書記的往事：

　　說到這裡，我就想起了一件事情。1982年，我到河北正定縣

去工作前夕，一些熟人來為我送行，其中就有八一廠的作家、編劇王願堅。他對我說，你到農村去，要像柳青那樣，深入到農民群眾中去，同農民群眾打成一片。

不少講話，以「我」為主語，而不僅是常見的「我們」，或者最後見諸書面講話讀本或媒體報導時的主語缺失，這和《毛選》文本以及幾乎所有前任中共領袖講話中只有「我們」主語有異。這更接近日常會話，特別是鄉鎮到縣市級領導的講話風格。只是，即使對這些基層幹部來說，「我」也不在正式講話中常能聽到的。中共黨內撰稿慣例總是避免使用「我」為敘事主體，避免突出個人。

以習近平2015年12月11日的「全國黨校工作會議」講話為例，他從開場第二段就開始使用「我」，而全文共有八個段落可見「我」，使用頻次罕見的高。如果對照毛澤東在八大二次會議和九大開幕式的講話，便能發現驚人的相似。毛在1958年5月8日的脫稿講話中，從「我講一講破除迷信」的第一句開始便頻頻以「我」為主語，與其他人小心翼翼發言的主語缺失對比，大有「朕即黨」的臨場威勢。這或許才是習近平講話「口語化」的意義指向——權威，而非表面上容易互動、被接受的親切感。

他還大量使用短句，以常人方法論的邏輯進行敘述，如：

「在中國社會主義制度下，有事好商量，眾人的事情由眾人商量，找到全社會意願和要求的最大公約數，是人民民

主的真諦。」

　　「我們既要讓自己過得好，也要讓別人過得好。家和萬事興。全非洲是一個命運與共的大家庭。」

　　「黨校要有一套檢查的辦法，各級黨委和組織部門也要拿出考核檢驗的辦法，努力使黨校黨性教育不僅能夠震撼一瞬間、激動一陣子，而且能夠銘記一輩子、影響一輩子。」

　　若以常人方法論分析，這些語辭常見於普通人日常生活的對話和邏輯，表面上可能顯得生動活潑，也與胡時代的刻板空洞、江時代的講究文采和概念、胡趙時代的精煉振奮等話語文風別樹一格，卻直接代換了中共長期強調的馬克思主義理論敘述，即官方話語的「科學性」。不能不讓人懷疑習的政治性格可能與長於爐邊談話的富蘭克林‧羅斯福相似，即缺乏抽象能力，而善於感性思維。羅斯福的新政，實際上混雜了大量互相矛盾的政策，卻因羅斯福本人缺乏抽象思維能力而難以覺察，他只信任身邊的親信，並具有豐富感性人格特有的調和能力，才得以推動新政。這和習近平今天所面臨的複雜局面而展開的新政有著驚人的相似。

　　但是，當我們看到習更多的口語運用還在於頻繁使用俗語和隱喻，結果這些俗語和隱喻的傳播效果往往超過講話本身，便會發現與羅斯福親切的精英話語可能相反的來源。僅在2016年1月12日的「十八屆中央紀律檢查委員會第六次全體會議」上的講話，就大量使用了各種俗語和隱喻，如「燈下黑」、「咬耳朵」、「扯袖

子」、「紮緊制度籠子」等，並且再次出現了習講話中最高頻出現的隱喻俗語「打鐵還需自身硬」。

按照詹姆斯‧吉（James Gee, [1999]2011）的話語理論，通常，隱喻在文學或者政治演講中的巧妙運用，是與大師模式相聯繫的，針對特定領域或者受眾，借用隱喻的圖式做從一般性或抽象性概念轉換為具體的概念，省卻了原本需要的理論論證。而習近平的俗語式隱喻風格，也許一方面試圖扮演「黨內精神導師」的角色，另一方面卻傳遞著地方化認同的訊號。

只是，從話語分析的角度，這種地方化認同包含兩層意思。一層含義，在中共的層級話語體系背景下，如此大量的俗語和常人方法論運用，在在暗示自己出身地方幹部、與講話受眾同屬地方幹部共同體的情景。2014年11月他中央黨校縣委書記新一輪研修班首期開班典禮上發表的講話，即以他30年前自己擔任縣委書記的經歷現身說法談縣域政治的重要性，甚至表彰每天在黨校吃晚餐的學員。從習極為重視和接觸中央黨校每期的輪訓縣委書記，以及他對中間官僚以「反腐」名義的清洗，不能不讓人比照毛澤東1968年接見紅衛兵、打倒官僚「走資派」的歷史相似性。

另一層含義，則與圈子建構和行動網絡有關，即有意識地進行圈子話語的構造，這是另一種地方化認同的權力建構。語言學界常人方法論的話語分析，常常以科學研究和黑幫團體作為研究對象。而習的俗語化和口語化風格，卻在傳統消解層級隔閡，暗示聽眾都屬自己的一個圈子。無論這是有意或者無意，倒也確切反映了習的

領導風格，另一個與羅斯福總統相似的風格，即依賴核心小圈子。雖然至今為止其認同效果尚待評估，但是口語化話語卻有著強烈的行動指向，這是拉托爾（Bruno Latour）的知識社會學所包含的常人方法論的馬基雅維利主義指向，也適用於我們理解習的口語化話語和常人方法論對地方領導的動員意義。事實上，過去三年來，從東莞掃黃到互聯網整治、從打壓獨立NGO到浙江拆十字架、從深圳禁電到東南地區高考減招等等連串的地方性激進主義治理，都在逐漸證實習的口語化話語的地方化行動效果。

　　如此地方化的口語化風格，因此可以追溯到習從1982到1984年任職正定縣委書記期間的講話。在河北人民出版社2015年編輯出版的《知之深　愛之切》一書所收錄的習的37篇講話、文章和書信文本中，滿滿的生動活潑口語話的話語，在80年代初大陸「左」的陳舊話語仍然盛行的背景下，尤其在落後小縣城的官場中，確實殊為難得、清新。以他為原型，當時拍成了影響頗大的改革題材電視連續劇《新星》。即使在2003到2007年主政浙江省委書記期間，他所撰寫的《之江新語》系列短評，也保持了這一頗具基層幹部色彩的口語化文風。

　　雖然，這似乎只代表習的個人經歷，也可以追溯到他和同代人的「上山下鄉」運動，以及80年代後中國政治的放權改革模式，從而最終以習的地方化口語告別了傳統的官僚話語。然而，這一趨勢卻與毛澤東在中國現代革命歷史中相對共產國際的地方化路線不謀而合。毛式風格的口語化話語，以1942年的延安文藝座談會為轉

折點，成為中共革命話語的主流，從話語的邊界界定了他的專制權力，區別於「二十八個半」的共產國際話語，也奠定了他最終以倡導「農村包圍城市」與蘇聯爭奪國際共運領導權的話語基礎。在這個意義上，林彪之被稱作毛的好學生，也更多地是因為林更為積極地創造性運用了毛式口語化話語，從編輯出版《毛主席語錄》到林氏豐富的毛式口語。

毛式話語模式

當然，習的口語化或許只是證實了英國蘇塞克斯大學馬里內利（Marinelli, 2009）所總結的中國毛後政治話語的地方化（devolution）傾向，他的話語主體仍然循著中國意識形態話語的傳統主流。儘管如此，除了口語化，他的話語模式中還存在其他一些標誌性的構式，如用典。

如果以人民日報出版社2015年出版的《習近平用典》為語料庫，我們能夠發現，除了上述的俗語－隱喻使用，習還大量用典，穿插文篇當中。其中，出自先秦和兩漢的原典所占比例最高，約為68處；其次為明清原典，23處；剩下才是唐宋及其他，而宋一代援引最多的則是蘇軾。似乎，習在依靠兩位辭官為其查找原典，潤色文章，他們分別熟悉先秦和明清文獻。除此之外，按照澎湃新聞今年2月27日刊登的運用新媒體營造習個人形象的微信公號「學習小組」的不完全統計，差不多同期習還援引過18句毛澤東名言。

如此一來，不能不聯想起前毛澤東秘書李銳先生曾經的統計，

四卷本《毛選》中引用先秦原典的比例最高，其中有40處直接出自
《左傳》，遠超馬列著作的引用。另一方面，毛澤東1947年9月13
日寫信給毛岸英時專門囑咐多讀明清筆記，這也是他晚年的閱讀興
趣。換言之，習的用典傾向與毛的興趣居然高度相似，不能不懷疑
其中存在著某種刻意的模仿。

　　畢竟，先秦兩漢文獻堪稱中國傳統治國之道的「元理論」所
本，而習所援引的明清文獻則偏重心學－修養，或末世救國心態，
如習常引的鄭板橋的「咬定青山不放鬆」、顧炎武的「誠欲正朝廷
以正百官，當以激濁揚清為第一要義」、還有金纓的「儉則約，約
則百善俱興；侈則肆，肆則百惡俱縱」等等，恰合當下習政權的戮
力方向——整頓吏治，救黨國於危亡。

　　這一危機政權論，始自習上臺前的造勢，以蘇聯解體為教訓、
防範中國式的戈巴契夫、「更無一人是男兒」等強化黨國的危機意
識，為自己的集權創造條件。這種危機意識作為預設，如費爾克勞
（Fairclough, 1992）的預設理論所旨在利用共享的常識經驗以左右
不特定人們對事物的認知和判斷，一如習近平俗語隱喻的口語化
表達所包含的中國式常人方法論特有的辯證唯物主義和日常生活邏
輯、並以密集灌輸的方式形成常識性背景或者意識形態傾向，有時
明顯、有時隱蔽地存在他的幾乎每一篇講話中，然後啟動他的話語
構式。

　　這些話語構式通常由背景構式引出問題與分類，充滿不可挑戰
的權威主義。例如，在2015年12月的黨校工作會議講話，他以帶感

情色彩和個人主語的民族主義－政黨關係的背景化構式開始：

> 我講過，中國有了中國共產黨執政，是中國、中國人民、中華民族的一大幸事……。然後，形成更大規模的背景構式：「在堅持黨的領導這個重大原則問題上，我們腦子要特別清醒、眼睛要特別明亮、立場要特別堅定，絕不能有任何含糊和動搖。我們黨要在中國長期執政，必須源源不斷培養造就一大批德才兼備的執政骨幹。從中央到地方建立黨校體系，專門教育培訓幹部，是我們黨的一大政治優勢。革命戰爭年代如此，和平建設時期如此，改革開放新時期更是如此。」

類似的，2016年1月12日召開的十八屆紀檢委第六次全體會議講話，習也以同樣的危機意識－背景構式展開：

> 我們黨肩負著帶領全國各族人民實現「兩個一百年」奮鬥目標、實現中華民族偉大復興的歷史使命，同時也面臨著「四大考驗」、「四種危險」。完成歷史使命，戰勝風險挑戰，必須管好黨、治好黨，確保黨始終成為中國特色社會主義事業的堅強領導核心。

其中，已經完全找不見80年代西化話語的痕跡，相比江－胡時代的話語也明顯充滿了張力，他沿著一條內捲化（involution）路徑

退回毛式語言，通過密集的講話，重新界定著個人的集權。按照馬里內利的解釋，語言學意義的內捲化指的是在主語和謂語之間插入句列的長串複雜語法結構，從而穿透了日常語言和政治。這一語言現象在現代中國始於1942年，即毛澤東在「延安文藝座談會」上的講話。內捲化在隨後的當代中國語境裡也因此意味著毛式話語，而其常見形式則是大量羅列一、二、三、四的排比句式，以大量軍語代替政治術語，毛時代用詞回歸。

　　所以，不妨比較習、毛前後隔了72年的兩篇「文藝工作座談會」講話的異同，可能更較有說服力。從體例上說，兩篇談話高度相似，都以毛談文藝的「立場問題，態度問題，工作對象問題，工作問題和學習問題」等五個問題劃分結構，對知識分子進行教育，重構黨和文藝的關係，解決所謂文藝為誰服務和如何服務的基本問題。區別只是，毛以戰爭和革命做情景動員，最後的結論將其內捲化還原到文藝工作者「個人和群眾的關係」，黨則兼具裁判與導師的角色；而習的語調溫和許多，放棄革命和階級，「以人民為中心」的指針雖然直接取自毛的「為人民大眾服務」，卻去掉大眾，以人民為媒介，收斂到民族主義的「中國」。也許因此之故，更善於在新媒體「為中華文明平反」的周小平也入選2014年的「文藝座談會」。以「中國」重新定義話語邊界的反西方論調在習隨後的講話和文件中也逐漸清晰，既有「七不講」的「九號文件」，也有最新黨校工作講話中再次明確反對「西方標準」和「西方資本主義價值體系」。

內捲化－毛式話語的另一面，則是分類和概括的構式，如社會主義建設的十大關係，和文藝座談會講話的五大問題和階級分類──對四種人，工農兵和小資產階級的分類，意在分化打擊征服。習的講話雖然少有階級分析，卻也承襲了這一分類法。他在2015年的全國統戰工作會議講話上提出團結「三類人」──「留學人員」、「新媒體中的代表性人物」、和「非公有制經濟人士特別是年輕一代」。在黨校工作會議上，也第一次劃分了所謂思想輿論領域的紅色、黑色和灰色的三個地帶，明確提出一個毛式對抗話語的主張：「紅色地帶是我們的主陣地，一定要守住；黑色地帶主要是負面的東西，要敢於亮劍，大大壓縮其地盤；灰色地帶要大張旗鼓爭取，使其轉化為紅色地帶。」

至此，僅僅借用政治話語分析方法，對習過去三年的密集講話做簡單的分析，就不難得出習的話語模式，即他的口語化、用典和隱喻傾向、以及話語構式，都十分接近或者說退回到毛式的話語模式，以父權主義權威和表演性為特徵。只是，並非簡單的再現，如普通知識分子所擔憂的「文革再現」，而是充滿了表演性力量。這一表演並非針對宣傳和傳播──有傳播有習對「央視姓黨」以及他的專門新媒體策略，而是為了掌握話語權，也就是維特根斯坦所說的，詞語為權力設定「思想表達」的邊界：通過話語本身界定愈益內捲化的意識形態，這也是習效仿毛式權威話語模式的用意所在，包括沿襲毛的口語化、用典習慣、和背景－分類的話語構式。

而且，如此與官僚話語體系有所區別的口語化話語，具有強烈的行動指向，無論是「八項規定」標誌的反腐運動，還是「一帶一路」啟動的中亞戰略，或者「要講政治規矩、能上能下」所包含的強烈壓力，甚或「供給側」這樣的經濟學詞語創造，都有著具體的鬥爭對象，和明確的動員意圖，不能不讓人聯想起毛氏在文革期間的「最高指示」。只不過迄今為止，習的這一毛式風格政治話語所代表的地方化運動，其力度和範圍都嚴格局限在體制內部，或稱「微文革」。

　　但是，如果考慮到毛式話語構式的受眾不特定性，或如習的口語化代替專業或理論表達，更意味著每次內部講話受眾與他的紐帶並不明確，宛如毛本人的講話煽動。因為按照費爾克勞的批判話語分析理論，這種模式的預設其實表明話語生產者無法瞭解其真正受眾的背景知識，於是，藉諸口語化表達和俗語隱喻、頻頻引用毛風格的先秦原典和毛氏名言，乃至列書單背人名，便成了一種共同經驗和背景知識的虛構，也意味著毛式話語「朕即黨」的權力基礎脆弱所在。一方面，習在有意運用口語化話語拉攏、建構一個更大範圍的政治圈，另一方面卻時時暴露一個更小權力圈子的存在、對現有常委集體領導體制的顛覆。這或許才是習近平密集使用毛式話語所面對的真正嚴峻的政治現實吧。

　　若展望未來的政治進程，也一定是更富表演性，或兼具國家建設的意義，以國家制度而非貌合神離的政黨來充實個人的集權基礎。這或許也是習與毛的共同紐帶也是差別所在。

參考文獻 ————————————————————

Fairclough, Norman, *Discourse and Social Change*, Polity Press, 1992.

Marinelli, Maurizio, "Names and Reality in Mao Zedong's Political Discourse on Intellectuals", in *Transtext(e)s Transcultures*, 5, 2009.

詹姆斯・吉（James Gee），《話語分析導論》，重慶大學出版社，2011。

人民日報評論部，《習近平用典》，人民日報出版社，2015。

習近平，《知之深愛之切》，河北人民出版社，2015。

中共中央宣傳部，《習近平總書記系列重要講話讀本（2016年版）》，人民出版社，2016。

廷杖打到紅二代？
任志強身後的儒家共產主義幽靈

　　2016年的3月，再沒有比大V任志強微博被銷號的新聞更令人覺得詭異了。因為，連續幾日，網信辦、中青報、光明網以及其他各色報紙、網站、新媒體全部動員，向任志強發起了三年清網行動以來可能最為猛烈的集火攻擊，如戰鬥檄文一般對任志強展開大批判。用辭毛派色彩之強，到了「境外敵對勢力代理人」、「背叛八千萬黨員」的嚴重「反黨」程度，猶如《海瑞罷官》遭遇的最初炮火。聯繫到去年底以來各地方政府對習的效忠表態、吹捧習思想和個人崇拜的歌曲突然間冒了出來，幾乎讓所有內地中國人都驚覺，彷彿霎那間回到了文革時代，一場新文革正風雨欲來。

　　不過，以任志強的「紅色資本家」和「紅二代」的身份、特別是他與今天中共二號人物王岐山在紅衛兵時代就結下的特殊友誼，這一波攻擊確實有許多詭異之處。首先，任志強自2009年上微博以來，便從傳統媒體上的爭議人物任大炮轉而成為微博上的「公知」人物和意見領袖，擁有五千萬粉絲，可謂新浪大V製造機器推出來

的一個最重要的大V。但是，任志強同時還作為1980年代改革開放之初便開始創業的資深企業家，曾經擔任多個企業家協會或俱樂部的要職，如阿拉善生態保護協會，堪稱中國企業家領袖。更關鍵的，他也是這些企業家和知識分子中「憲政改革派」和改良主義路線的重要支持者，直到2016年春節假期仍然手不釋卷地讀海耶克的名著《社會主義》，影響力巨大。因此，對任志強的嚴厲打擊，從吊銷微博帳號到黨內處分，最直接的意義，在於對以他為代表的改良主義、漸進主義路線的否定、對新型企業家群體的政治不信任。在這意義上，任志強的命運，可能與信力建、王功權或者薛蠻子並無多大差別，都是改良主義、漸進轉型論的犧牲品。

這倒是與2011年茉莉花革命後時任中共政法委秘書長周本順為代表的否定公民社會的講話精神相一致，也符合2014年以來中共當局對獨立NGO、社運分子、維權律師、新聞記者和互聯網等公民社會主體的鎮壓趨勢。不過，這波鎮壓模式卻與1979年後的歷次運動不同，從薛蠻子開始，當局以最大可能將嫌疑犯以羞辱的方式在中央電視臺出鏡，播出公開認罪的鏡頭，彷彿一個電視版的文革期間遊街示眾的再現，或者。而且，對同為紅二代也是重慶模式的代表薄熙來的審判，也前所未有地採取電視直播，猶如1936到1938年的蘇聯的大清洗和大審判。而這次對任志強三番五次的羞辱性批判，倒更像是明、清兩朝的掌嘴或者廷杖，活脫脫一個皇權內廷對言臣的教訓。

這裡面，便同時有了兩層意思，也是第一個詭異所在。一方

面，任志強以黨員權利和黨章為本力陳己見，很有「文死諫」的意思，口口聲稱的不反黨一片死忠之情，迂腐狷介得可愛，與他平素的政治智慧似乎有些相悖。而另一面，據說任的中學輔導員王岐山曾經早就親自警告過他，少發議論，不能「妄議中央」。這麼一來，「忍不住發言」的任志強，便很有「周瑜打黃蓋、一個願打一個願挨」的架勢了，外間並不容易看的清楚，只怕是為了引出更大規模的整肅。任志強的進諫或許不至於入獄，但是如果下一波整肅針對著整個新興資產階級或自由企業家群體，並且輔以強力的資本「摻沙子」政策，即在混合所有制名義下控制民企，如傳聞中國家網信辦可能入互聯網媒體的乾股並保有內容的一票否決權，那麼，可能才是中國資產階級和國家－資本關係的一個轉折點。

更詭異之處還在於，這樣一個打壓，雖說是繼承、執行了胡溫和習近平先後兩屆對公民社會對敵視、進行意識形態鬥爭的路線，但是後者的權力鬥爭卻是沿著紅色精英集團和官僚集團的分野展開的。筆者稍早曾有專門論述，習近平上臺後的反腐運動、架空政治局自設包括深改組在內的20餘個領導小組、組建並自領國安委主席、進行軍事指揮體制改革等等，均是著眼於削弱官僚集團，建立其高度個人集權並向紅色精英集團負責的「共產主義（嫡系）接班人」模式。那麼，在習春節後剛剛視察檢閱過、表明「姓黨」的北京媒體如此整齊地發動對紅色集團內部成員任志強的輿論攻勢，特別是還有習近平親信所把持的網信辦的一手指揮，如果假設為官僚集團對反腐運動不滿的一次反撲，恐怕缺乏足夠支持。換言之，只

能看作是紅色集團內部的一次對右派力量的懲戒，甚至是牽制王岐山本人作為右派的「大哥」地位。就在2016年春節前後，他旗下的財新雜誌的一篇東北農村記事文章遭到有組織的抨擊，旋即任志強遭遇前所未有的圍剿，王本人顯然已在意識形態領域投降，無意堅持任何自由主義陣地作為黨內的某種另類聲音。

也就是說，習上任三年來的所有集權化，在任志強一案則成為意識形態控制的關鍵一步，而且以廷杖式的父權「家法」行之，實在意味深長。他身後王岐山的政治角色，要比任志強本人的命運更耐人尋味。如果參照最近蜂湧而出各種「勸進文章」，例如香港謝茂松的一篇所謂「混合政治」論，更是把船山哲學的儒家專制主義發揚到了極致。而王本人似乎也在自覺地完成從後極權主義時代的開明高幹向儒家「重臣」的自我修煉。以他接見福山和青木昌彥的談話為標誌，王的思考和語氣，儘管依稀可見強烈的80年代自由主義「帶頭大哥」痕跡，但更多的是在展現如此一位身跨官僚集團和紅二代雙重身份的黨內大老如何全面擁抱中國傳統政治：在克己復禮的強烈道德感驅使下，以事君身段和黨鞭地位重建一個儒家式的共產黨，儼然兩位儒家共產主義者劉少奇和周恩來的合體。

在如此構建形態下，黨的最高層再無傳統列寧主義政黨集體領導制或民主集中制的空間，而代之以「英明聖王」式的政治領袖，身後才是一群克盡職守的儒家大臣和官僚集團。也只有在這樣一種儒家共產主義的政治景觀中，才可以理解任志強的命運，他所屬的紅色貴族集團身份對他可能並無助益，而他一向以來的言說和實踐

卻是秉承自由主義的信念或者幻覺，以為依靠企業家精神便能培養新社會力量然後從黨內推動改革，甚至從政治企業家的黨內民主推動民主轉型，終於碰壁。至少，如後來趕在2016年「兩會」前夕推出的國務院APP，再一次表明在王岐山紀律部門的驅動下，這些黨的官僚精英們還需表現出足夠的專業能力，跟上領袖的要求，與此同時向公眾釋放一個信號，黨國－政府將提供更多的公共服務。

而企業家們在市場、社會和公共輿論的活躍身影恐怕也就此黯淡下去，一個不確定的虛假的自由主義時代結束了，迎來的將是空前保守、專制的儒家共產（極權）主義的復辟。一個新的輪迴開始了。

極權主義暴力美學的臨場：
深圳禁電摩和地方激進治理運動

　　最近幾年，中國政治正在發生一場大的轉折，只是大概很多人都低估了新舊政府更迭對地方政治的影響。一些地方官員，正在互相以激進作風表達效忠、並博取媒體關注，形成一場表面上似乎小範圍地方性的、總體上卻是連續的激進主義治理運動浪潮，快速改造著城市景觀，不僅與全國性的反腐運動穿插，且與反腐造成的基層官員普遍怠政形成有趣對比，也與人們所擔憂的「文革」式全國範圍的大規模動員迥然不同。

　　例如，2012年底河南周口開展「平墳」運動；2013年2月東莞開展「掃黃」；8月，公安部和網信辦主導了一場「淨網行動」，諸多大V以及互聯網企業遭遇首輪清洗；2014年初浙江省開始「拆除十字架和教堂」運動；同年秋天開始對以「傳知行」為代表的獨立NGO展開鎮壓，直到2015年針對人群律師群體的「709專案」；連2015年證監會對付股市做空投機的手法也是相當激進，配以巨資，聯合公安部直接抓人。而最近發生在深圳的電動車禁令，不

顧世人譁然、市民生活受擾而一意孤行，不過是這一鏈條的最新發展。

　　因為，問題也許不僅有關電動車的路權，或者新能源企業可能的背後推手，而是上述激進的「局部」治理運動所總體呈現的極權主義景觀。如居伊・德波所揭示的路徑，「集中的景觀從根本上與官僚資本主義相聯繫」，如此高強度的運動式治理，便以一種集中的景觀暴露著當下中國充滿暴力的治理美學，投射著一股自上而下的極權主義力量，正在按照所謂「社會主義核心價值觀」重新規劃中國內地的城市圖像和社會秩序。

電動車：現代城市的義和拳？

　　電動車所承載的，並非所謂窮人階級，如破土網那般簡單生硬、別有用心的劃分。畢竟，一輛全新的電動車通常價值數千元人民幣，一次性投入比普通自行車貴，也不比搭乘公交車合算。搭乘兩輪電動車的，可能來自各個階級，如小業主、新農民工、普通職員、地產銷售、甚至普通公務員，中下階級居多。此外，還有一批使用三輪電動車的，也是這次深圳清理行動中的焦點，是那些快遞業者、外賣業者、和送貨工人。他們的服務對象更是惠及更廣大的市民群體，超越階級，對他們的打擊直接影響了快遞行業、餐飲業和小型商業，然後間接影響了幾乎整個民生和市民生活。試想，如果在北京中關村實行禁電措施、改以機動車運輸零散貨物，那簡直就是一場交通災難。深圳的街面情形可能不至於那麼糟糕，但是，

當近千名快遞員工被短暫拘留後，不難想像多家快遞公司的爆倉情形、網購市民何等焦慮，恐怕更多的居民或普通上班族很快就要為桶裝水斷貨擔憂了。

而官方的禁電措施並未提供充足理由，似乎只是針對電動車的交通危害性。的確，一方面，行駛在非機動車道上的電動車，往往時速超過20公里的安全限速，潛在隱患很高；另一方面，生活中常見電動車行駛罔顧交通規範，突入人行道、逆行，甚至在機動車道上併行，對幾乎所有其他道路使用者都構成了威脅。電動車的道路安全問題，確實很容易被放大、被建構成外地人與本地人、或者底層階級與中產階級的衝突。這也是目前支持禁電的輿論主因。

理論上，由於電動車製造工藝簡單，很容易突破官方限速，而從來缺乏規訓的內地市民在騎上電動車的一瞬間往往就變身為道路上最不守秩序的人群。相對來說，在1949年建政後重視團體而輕規訓的內地社會，這也是筆者近年從瑪麗‧道格拉斯的人類學方法研究中國社會控制的結果，過去20年大幅增加的機動車及其駕駛人群，既代表著最廣意義上的城市新興中產階級，也代表著一個較守規則的社會群體，他們受著事故死亡、相互行為約束、警察規制和保險公司等四方面的規訓，已經成為今天中國城市通行空間的主要群體，也被寄託著汽車支柱產業和中產生活幻覺的雙重意義，在城市秩序中幾乎居於最為核心的地位。而城市空間尤其是道路空間分化以及路權分配，按照英國著名社會學家吉登斯（1973）的說法，就是城市階級結構化的直接原因。一方面，通勤工具如機動車和電

動車、地鐵、公車和道路空間一樣，基於其不同消費能力而占有不同的城市地位和話語權，另方面，也互相分隔著階級空間，構成城市的階級秩序。

　　無聲、快速的電動車，其規模增加和行駛者的突兀，卻不僅打破了現有機動車與非機動車的道路／空間劃分，也打破了慢行社區和快速道路的社區分隔，更重要的是因此製造的大量街頭交通事故，打破了階級的空間秩序。但是，這一干擾在過去尚可容忍，深圳畢竟給予許多人以市場自由主義的幻覺，被認為是小業主的天堂。事實上，《深圳晚報》今年3月6日披露的一則消息表明，去年深圳交警針對電動車的專項整治已經初見成效，與電動車有關交通事故下降了13.5%。本來大可不必如此興師動眾採取如此激進手段。而當深圳、北京等地房地產價格飆漲之後，城市租金的大幅變動突然間改變了財富和空間的階級結構，空間秩序或者階級秩序的問題就立即變得前所未有的重要。這其實也是從馬克思到大衛‧哈維以來城市政治經濟學的核心問題，城市租金悄悄改變著階級之間的微妙關係，無論誰是城市的統治者。

　　例如，城市化早期遺留的城中村，它們近年來也成為所謂「蟻族」聚居區，跟里約或者伊斯坦布爾、孟買的貧民窟、甚至香港的「重慶大廈」類似，都是城市新移民的落腳地，也是城市活力的發動機，更接近有機城市的本來面貌。但在城市化催動的租金變動條件下，它們往往成為土地置換——建設新中產階級住宅，遷移城市無產階級——的犧牲品，連市中心的傳統大學、動物園都不能倖

免，知識分子和蟻族、動物一道成為城市化的置換對象，而無產階級化。

在享受路權保障的有車族或者步行族等城市精英主體看來，電動車便如無產階級或者義和拳一般的混亂和威脅，並且再也無法忍受了，這一觀感和香港居民眼裡一度大幅增加的內地遊客的無禮、莽撞的「蝗蟲」印象並無多大差別，可謂「電車蝗」。當局即使採取激進措施，例如動用所有交警和協警在街面上強行查沒電動車，也難以遭致無論精英階級還是草根市民的普遍抵制，何況他們很容易滿足於所謂新能源貨車的替代方案。在城市空間秩序方面，他們和統治者都是受益者。

街頭景觀的極權主義暴力美學

電動車騎行群體似乎因此很難找到一個合適的城市空間－階級地位，這或許也是中國內地微型商業－自由主義經濟的尷尬和悲哀所在。只是，最在意者，仍然並非直接衝突者，不是那些有車階級或者城市步行者，而是凌駕其上的統治精英，中國的黨政官員們。一如長安街的擁堵妨礙他們往返中南海－復興路這些中央黨政機關，才出檯了北京機動車限號政策；猶嫌不夠，北京二環內也被劃為中央行政特別區，不僅北京市的地方黨政機關被迫移至通州，核心區內的外地人口、大型醫院和批發市場也都面臨著清理、外遷。這正是深圳電動車整治的源頭，中國最高統治者對城市空間的極權主義－集中景觀理解，以及相應的暴力美學。在他們看來，電動車

或如走鬼攤販、街頭小廣告、城中村一般，影響著他們的理想市容和秩序。這或許才是習近平政權下地方激進主義治理運動的根源。

　　他們所想像的城市天際線，不僅有19世紀中葉改造巴黎的設計師豪斯曼風格的長安街——作為快速運兵通道，不僅在鎮壓巴黎市民起義時發揮重要作用，也曾在1989年的中國學生運動鎮壓中成為衝突舞臺；也有史達林風格的「十大建築」、民族飯店代表的新中式建築、還有庫哈斯的央視大樓以及新近去世的哈迪德設計的後現代作品，和中央領導以及新貴階級鍾愛的四合院住宅、老城居民的胡同雜院，形成一種奇妙的混合。不過，就像研究極權主義藝術的俄裔英籍作家Igor Golomstock所總結的，極權主義政權所偏愛的藝術風格總是先以先鋒派藝術取得注意，一旦政權穩固就退回到「最保守、過時的」的文化傳統上。

　　習近平上任以來就多次表示了對庫哈斯風格的不滿，指示「不要搞奇形怪狀的東西」，文藝界也同樣在向「白毛女」回歸。他的文化保守主義傾向，還更多地體現在鼓吹傳統儒家價值，宣傳部門在內地街頭貼滿了各種宣揚忠孝倫理的海報，並且先行展開了黨員紀律的「八項規定」、針對人民的24字核心價值觀訓導、以及掃黃、整頓交通和行人秩序的新道德運動等等。電動車自然也難以倖免，從4月11日起，北京以長安街及延長線附近的十條街道也將對電動車採取禁行措施。如此無微不至的景觀微調，不能不讓人聯想到薄熙來任職大連期間，總是親自過問城市規劃和景觀設計，甚至把廣場音樂和燈光控制臺設在了自己的辦公室。

當然，僅僅這種保守化的美學或價值觀並不等於極權主義，僅僅基於支持各項治理運動的警察暴力，如意識形態和宣傳部門的警察化、互聯網管理的警察化甚至互聯網公司駐警本身、警察街頭攔截電動車、掃蕩色情場所等等，都在所謂法治名義下進行，至多只是警察暴力或警察權的濫用，還不足以稱之為極權主義。這也是一些口口聲稱極權主義到來論的幼稚評論家所不瞭解的，他們至多只注意到了強制力的密集使用和制度化，難以認識極權主義的現代性質，甚至鬧出把極權主義混同古代專制的笑話，也很自然地會得出未來將面臨長期冰河的悲觀主義宿命論。

　　畢竟，極權主義只是一個理想概念，需要從納粹、史達林主義等形式中抽象，而其靈魂卻在於極權主義的美學暴力——不需要直接使用暴力，而是通過暴力的審美化，消除暴力使用的道德障礙，然後消解抵抗、逃脫或者面對的可能。在城市空間，集中景觀和無暇秩序便是極權主義的暴力美學體現：它不是去除暴力，或者製造恐怖——聰明的極權主義者總是在半夜悄悄抓人而無需驚動鄰居或公眾——而是讓所有人不覺得國家暴力成為一個問題！這才是1937年蘇聯大審判和大清洗試圖達到的效果，也是納粹對猶太人進行種族清洗的動因，一切都在旁人不以為然的純潔道德的美學化進程中。

　　中國過去幾年的電視審判幾乎達到了同樣的效果，如法國大革命的斷頭臺一般，隨著公知、NGO人、和人權律師一次次的自白，卸掉了民眾心中的道德防禦，然後才可能肆無忌憚地進行各種城市

「淨化」。電動車不過是這一純潔美學的一個新的犧牲品而已，當深圳近千名快遞員被拘留、更多市民的電動車被沒收，並沒有快遞員的罷工或者市民的集體步行聲援，如羅莎‧帕克斯女士違反公車種族隔離法律後蒙哥馬利市的黑人居民堅持了381天的步行上班。和頤酒店的受害者，或者我們的所有人，不是正在其中嗎？不是婦女地位的問題，而是沒有人以為暴力是個問題！

所以，當極權主義美學暴力宰制一切，唯一可能的反抗，便只是象徵性的、美學意義的、或者道德運動的。如1969年1月16日捷克學生楊‧帕拉赫的自焚，或者米蘭‧昆德拉、哈維爾等知識分子們的反抗文學、「77憲章」、甚至搖滾歌曲，或者緬甸軍政府統治下翁山蘇姬領導的道德運動，成為極權主義時代的唯一抵抗。那是無論極權主義是否徹底鞏固，反抗能夠採取的重要手段。

即使1960年代按照集中景觀觀念所建造的巴黎郊區的大型綜合體住宅，也終於因為彙聚了越來越多被隔離的北非裔移民和底層階級，而成為2005年燒車事件的溫床。極權主義的城市景觀無時不刻上演著清洗、隔離這些孕育反抗的壓迫性劇目。更何況在此之前，例如，地方性的激進主義治理運動，既可能是通向極權主義的漸進之路，也可能在廣泛的社會反抗動員下變成自身碎片化的媒介，溫和或激進的各類社會運動因此可能繼續，如同「白毛女」劇場內或者央視春晚的噓聲，終將代替缺乏規訓而喪失反抗能力的電動車主，占據新的道德高地。深圳的禁電運動，僅僅出檯一周，在新媒體的一片譁然聲中，也終於悄悄改為限行。

參考文獻 ───────────────────────

Golomstock, Igor, *Totalitarian Art*, The Overlook Press, 2012.

從Nashi到小粉紅：
中國青年運動的俄羅斯化

　　當「帝吧出征、寸草不留」的口號終於沉寂下來，「小粉紅」們也多回家過春節了，圍繞這一波「小粉紅」運動的爭論也漸漸平息。只是，檢視其中，絕大多數的評論和分析仍然停留在網絡文化的層次，很多翻牆派甚至對小粉紅們「翻牆去戰鬥」的精神還抱有好感，頗為鄉愿地以為他們或她們只是一群烏合之眾、只要翻牆就終究會因為接觸開放訊息而改變。如果人們對上一波小粉紅——文革時代的紅衛兵也抱此想，那麼面對今日政權的紅衛兵領導集體，大概會羞愧而死。上一代的紅衛兵們，雖然大多淪為被人遺忘的一代，可是其中的精英今日重登最高權力，他們也好國際交遊，好讀世界名著，但是今天重提「共產主義信仰」、重新毛化個人權威，不能不讓人警醒，探究這個曾經風靡20世紀的青年運動是如何在今天死灰復燃。

以俄為師？

　　如果回顧習近平政權前三年的各項動作，今天，大概很少再有人懷疑筆者早於2012年就已經提出的觀察和預言：習近平在效法普京模式，建立一個超級的個人強權。執政三年，一方面，他已發動針對官僚集團的空前規模的反腐運動、建立國安委統一情報和安全力量、啟動軍改樹立對軍隊的絕對控制、開展互聯網清網行動和文化復古運動、在社會治理創新名義下打擊獨立NGO，並通過強調政治規矩、進行集體學習、鼓勵地方官員個人效忠、確立新核心的方式發動了一場顛覆政治局集體領導的柔性政變。這七大內部的戰略性動作，分別涉及黨、政、軍、情、社、網、文七大領域，力度空前，已經令海內外為之瞠目，新近許多個案無論是香港書商李波被綁架、還是股市被粗暴干預、地方官員意外身亡頻發等，不過是其副產品而已。

　　值得注意的，其中至少有五項戰略都可從俄羅斯普京的執政模式中發現相似之處。越來越多的跡象表明，以俄為師，向俄羅斯學習普京模式的個人專斷和國家－資本的寡頭控制模式是中國高層的一個新共識，也是習近平上臺前就以蘇聯崩潰模式為反面教材、以蘇共倒臺為其樹立危機執政合法性的自然結果。事實上，另一方面，過去三年，習近平與普京的個人接觸和交流創下了中國領導人與外國領導人碰面的記錄。儘管這種頻密的私人化交往在此前的任何中國領導人當中都幾乎不可想像（除了毛），但習在未取得

最高權力之前的2012年即已以輕鬆方式與拜登進行了私人會面，打破了中共政治高層一貫的「政治規矩」。而當普京與習並肩出現在「9.3」閱兵的天安門城樓上、接受中國軍隊的效忠聲浪，或者與俄羅斯在烏克蘭危機、敘利亞問題、互聯網主權等等國際議題採取密切合作的時候，大概更少人懷疑中俄同盟的大躍進已經相當程度上超越了江澤民時代向俄羅斯軍工業輸血的合作模式，愈趨新冷戰的戰略結盟關係。

而其中，習正在向普京學習如何占領互聯網－意識形態作為新冷戰的核心陣地。不僅包括他如何開展清網行動，打擊互聯網輿論領袖，更從他上任伊始有意繞開陳腐的宣傳機構、以高度私人化的新媒體形式發布慶豐包子鋪、乘坐出租車等事微服私訪，可看出幾乎與普京早前利用新媒體進行個人形象宣傳如出一轍。「小粉紅軍團」的培養和利用也可從普京模式中尋得先例，官方支持的青年運動也在學習利用新媒體、尤其是新媒體社會運動的方式重新動員和集結。這需要追溯到普京任內如何利用和煽動青年運動，創建納什運動，更可因此追溯整個20世紀的青少年運動史，而這些似乎已經從中國公眾和知識分子的記憶中淡出許久了，連紅衛兵一代的歷史都變得諱莫如深。

俄羅斯的Nashi運動：小粉紅的前世 ─────────

在19世紀蓬勃上升的工業革命時代，洋溢著濃濃的浪漫主義，如歌德的《少年維特之煩惱》、《彼得・潘》。斯坦利・霍爾在

19世紀最後二十年的研究則第一次給出了社會學意義上青春期的概念，此後，青少年的反叛、越軌開始被認識，並隨青少年運動的興起、隨現代政治運動的興起而逐漸走上自發與被動員並存的發展，如起源於英國的童子軍運動，青少年開始被納入軍國主義的框架。在共產主義和極權主義的興起過程中，青少年運動和組織尤其是其重點，如建立於1920-30年代的納粹少年團、蘇聯的列寧主義共青團全盟，又稱科索莫（Komsomol）。它們被定義為「黨機器的傳送帶」，最大限度地動員了青少年志願參與者，在維護極權主義統治和為戰爭輸送後備軍方面做出了令人深刻的印象，也是中國今天共青團組織的原型。

而當這些官方青年組織和運動在戰後的和平時代陷入官僚化，卻可能因為害怕政權的顛覆而重新以運動的方式動員起來，蘇聯共青團就曾經經歷過一次類似的轉型，甚至可視作中國文革時期「紅衛兵」運動的先驅。那是蘇共二十大報告之後，幾乎與當時西歐開始出現的第一波反對父輩納粹主義的學生運動同步，蘇聯出現了一股自發的青年反叛運動Stiliagi，他們多是莫斯科、列寧格勒等大城市中的蘇共幹部精英子女，即所謂「阿爾巴特街的兒女們」，穿著駐歐蘇軍帶回來的西歐時髦服裝，傳唱歐美戰後開始流行的搖滾歌曲以及各種自由主義地下書籍，被1958年已有近2000萬成員的共青團視作可能顛覆蘇聯政權的內部挑戰。當時的共青團書記謝爾平將他們描繪成「髮型像泰山，穿著像鸚鵡」，以一種「非蘇聯」的生活方式挑戰當時宣傳定調的以前線英雄為模範的所謂男性主義

氣質，為當時的蘇聯青年提供了一種共青團之外的「另類先鋒」，而這些少數叛逆「紅二代」的挑戰性不在於他們人數眾多，而在於當時的「意識形態不知如何應對」，而可能成為「潛在的抵抗源頭」。隨即，共青團被動員起來，組成行動「旅」，派上街鎮壓Stiliagi，如伊朗後來的青年民兵Basij或風化警察一般，攔住可疑分子剪褲子、衣服、剃頭、訓誡。不過，僅在1955-66年間，共青團就有約50萬人被送往遠東的「處女地」、參加「社會主義建設」，無形中繼續助長了Stiliagi的自由文化，直到1970年代。

Nashi運動的形成也與之類似。蘇共和共青團解散後，俄羅斯的青年組織主要是各政黨組建的外圍組織，如Yabloko，一開始主要服務於競選拉票、造勢。普京1999年上臺後，2000年也組建了一支青年組織，為保住普京的支持率服務，由普京身邊的年輕助手瓦西里·雅各門科（Yakemenko）創立，名為「一起走」（Idushchie Vmeste）。這支組織建立之初，就帶有強烈的道德化色彩，旨在填補所謂「共青團之後的文化和道德真空」，幾乎就是蘇聯時期共青團的翻版，如它的「道德法典」，就幾乎原封不動搬用了蘇共1961年頒布的「建設共產主義道德法典」。它的倡導核心是所謂愛國主義、高尚道德、政治成熟和高水平的文化意識等，以及反毒品、反酒精和反髒話，簡直就是一場由青年運動為主體的全民新道德運動。

而這場新道德運動的指向，在各種表面的價值觀倡導背後，卻是為了樹立普京個人的卡里斯瑪（charisma），特別是對普京的男

性氣質和國父形象的塑造，如穿戴印有普京頭像的T恤、卡通化傳播普京頭像等。「一起走」的女青年姐妹組織「一起唱」在2002年拋出了一首「嫁人就嫁普京」的流行歌曲，此歌連同「普大大」的稱呼成功地風靡一時，連清華大學人文社科學院新年聯歡上都連續幾年有人大唱其歌。「一起走」還發起了多次全國性行動，如清掃城市行動、書籍交換行動，也有公開焚書，燒毀那些「不夠愛國」的書籍，以社會運動的手法塑造著「普京青年」的集體擁戴氣氛，每個成員在加入時都必須書寫「總統－羅斯的希望」或者「總統的青年」之類誓詞，儘管普京個人仍然小心地避免與「希特勒青年」或者個人崇拜掛鉤，卻絕不吝惜對昔日共青團的頌詞。除了共產主義或愛國主義，他還給這個新的青年組織加上了「愛情和友誼」的追求。畢竟，這已經是一個完全向他個人效忠的青年團體，人稱「普京青年團」，需要更多生活化的、浪漫主義的凝聚紐帶。

只是，當2004年烏克蘭「顏色革命」爆發，小清新風格的「一起走」似乎變得不合時宜了。對普京個人崇拜的反感以及對普京處理別斯蘭事件的不滿也催生了一些前「一起走」成員走上了反對道路，他們完全依賴互聯網建立起了一個「沒有普京的俄羅斯」運動，從2004年初開始各種要求普京「回家去」的街頭行為藝術，並在2005年底舉行了一場普京執政以來規模最大的反普京示威。顏色革命的威脅讓克里姆林宮迅速做出了一個戰略性調整，普京的長期智囊、意識形態總管、總統辦公廳副主任、有「灰色沙皇」之稱的蘇爾科夫（Vladislav Surkov）親自出馬，解散了「一起走」，在2005

年初創建了一個更為政治化、也更富有攻擊性和意識形態色彩的
Nashi運動。

Nashi，即英文Ours，全稱是「我們的反法西斯民主青年運動」，
也同時是一家俄羅斯聯邦政府批准成立的機構，「一起走」書記
雅各門科仍然擔任其領導職務。之後，還相繼成立了作為普京的
俄羅斯統一黨的青年組織「青年近衛軍」、反對移民的「地方」
（Mestnye）、和東正教的一家青年組織格里高列（Grigorevtsy）
等，Nashi是其中規模最大的，也最強調行動。一開始，它的主要任
務是幫助2008年選舉，通過動員年輕人，扭轉俄的威權民主體制下
的政治冷漠，牽制反對黨和獨立NGO，防止烏克蘭橘色革命蔓延到
俄羅斯。尤其當2012年普京簽署法令禁止那些「政治性NGO」、宣
布所有接受海外資金的NGO都必須登記為外國代理人之後，Nashi
和類似組織便成為擁塞NGO領域的主體。這種主動出擊式的擁塞行
動，顯示普京的威權政權在以社運化的方式轉型，占領社會空間，
利用社會運動樣式的動員對社會運動進行反制。

有別於「一起走」更偏重意識形態，普京的這支新生力量強
調「行動的政治過程」，也是以多次社運般的街頭行動和新媒體行
動引起外界關注。他們通常會針對反對黨政客的公開活動搞擁塞式
破壞，或者對反普京的遊行集會搞「反運動」遊行，由此保證普
京在議會的絕對支持。俄羅斯杜馬曾經唯一的獨立議員萊茲科夫
（Ryzhkov），在2007年間便深受其擾，被Nashi指責為CIA在俄發動
橘色革命的代理人，經常被成群的Nashi成員舉著美國旗幟抗議，私

人住所也被干擾。只是，這些俄內部的活動並不常被注意，Nashi得到國際社會注意還因為它的極端民族主義行動。例如，2007年4、5月間，他們在愛沙尼亞駐莫斯科大使館外舉行示威，抗議愛沙尼亞政府遷走塔林的蘇軍戰士銅像，指責愛沙尼亞在培養法西斯主義。史達林戰後在幾乎每個占領國家都建立過這些銅像或紀念碑，從柏林到瀋陽。類似針對外國駐俄大使館的抗議，還包括2006年針對英國駐俄大使、2010年針對烏克蘭使館，算是Nashi的一個必備劇目，常被用來向這些國家施加間接的外交壓力。且不僅於此，2009年3月29日Nashi在芬蘭的成員甚至在赫爾辛基舉行了示威，抗議當地出版的一本有關蘇聯占領愛沙尼亞的新書。

互聯網也是Nashi以海量行動擁塞反對聲音的一個重要陣地。2007年俄羅斯針對愛沙尼亞的DDoS攻擊，一般認為是賽博戰爭的一個重要轉折點，據信就是Nashi組織的一次駭客行動。2011年10月7日，Nashi慶祝普京生日的消息占領了推特，擁塞了俄語的推特消息。而這些拼人頭搞擁塞的手法，與Nashi的日常組織能力有關。Nashi是一個高度層級的組織，在俄各中型城市都有至少100人左右的成員，除了普京以資助本土NGO的名義直接給予的資金，地方分支主要從地方寡頭那裡獲得。這些成員被稱作納什主義者，即「我們」，年齡多在18到27歲之間，經常舉行集體婚禮，以懷孕生育為榮，也是攻擊俄境內同性戀團體的主力；每年夏天都會組織規模在一萬人左右的大型夏令營，並受到普京的接見。他們努力避免讓人聯想到希特勒青年，然並卵（編案：中國網路用語，即「然而並沒

有什麼卵用」的簡稱，意指花費許多力氣，但並沒有收到實際效益。），一個山寨版的Nashi組織和運動已經在中國誕生，他們的名字叫「小粉紅」。

共青團的社運化？小粉紅的誕生 —————————

　　2016年初臺灣選舉日前後，雖然大陸媒體一片冷淡，誕生中國「小粉紅」在臉書和推特上發起的攻勢卻引起了國際社會的關注。他們的形成，同樣來自習近平上任後與普京相似的權力趣味、以及共青團的改造。中國大陸有關俄羅斯、東歐研究和青少年研究的學術期刊近年來充斥著俄羅斯模式的論文，以俄為師蔚然風潮。

　　理解這一點，同樣需要從普京模式出發，觀察習近平為實現近中期政治目標需要從新路徑塑造其個人魅力和效忠、以及共青團本身的社運化改造兩方面入手。前者如上所述，基於確立超級總統制的個人集權而進行靜悄悄的柔性政變，需借助互聯網和官僚外的力量，為其體制內削弱官僚集團權力而打造外部民粹主義支持。習不得不上任伊始只能從身邊入手，從掌握互聯網的親信、從建立「學習小組」開始打造個人崇拜氣氛，然後才是千金買周小平和花千芳，逐漸展開「清網行動」。

　　後者，從時間線來考察，共青團的轉型其應可追溯自胡溫政府的最後幾年。即，在2008年這一標誌胡溫任內「維穩」政策正式全面鋪開的轉折時刻，共青團也因為動員年輕學生參加北京奧運會的志願工作而開始轉型。在奧運會結束之後，奧運志願模式在全國範

園推行，作為團與地方工作的一個重要紐帶，也是團的工作重新回歸青年運動的一個契機。

而共青團或者中共青年工作轉型的加速，也來自顏色革命的壓力──2011年的茉莉花革命的威脅。胡錦濤在2011年2月19日中央黨校發表了基調性演講，提出社會管理創新，團的工作和創新被納入其中。不過，胡錦濤雖然長期以來被視作團派的精神領袖，除了任內最後幾年大量空降團幹到地方，並不便於親自提出加強團的工作地位。反倒是2013年習上臺之後，李源潮作為團派的繼任最高庇護人，迫於形勢不得不向新沙皇習近平輸誠，通過共青團的社運化改造服務於習近平的集權化過程，建立一種新的策略聯盟，以最大限度地在內部清洗中保存派系力量，包括維持曾為團派最高領導人胡錦濤的歷史地位。

而此前，2014年1月，團中央已經以十七屆二中全會決議的方式，通過《全面深化改革進程中共青團工作五年發展綱要》，積極響應2013年習近平主持的黨的十八屆三中全會關於深化改革的決議。共青團也是在這段時期，強調對新媒體「陣地」的全面占領，發微博數量和參與人數統計動輒百萬、上億，以此作為團的新工作重點和衡量依據。現任團中央第一書記秦宜智在大會上聲稱，目前的進度已達到：

> 建設團屬網站近4000家，其中，中國青年網已成為中央重點新聞網站和國內最大的青年主流網站，未來網已成為全國最

大的未成年人專屬網站；開通共青團中央微博，共青團系
統微博認證總數超過12.8萬個，數量居全國政務系統微博第
一……。積極建設針對新媒體從業青年的工作機構，團中央
扎實推進中國青少年新媒體協會籌建工作，部分省份團組織
成立了新媒體工作中心，加強對新媒體引導青年工作的研究
指導，加強對新媒體從業青年的聯繫和服務。

　　隨後，2015年「群團工作會議」規格之高、力度之大也是近十
幾年來罕見的，足見習政權對青年和共青團工作的重視，被提升到
應對顏色革命、黨國存亡、和樹立領袖核心的戰略高度，並通過所
謂《中共中央關於加強和改進黨的群團工作的意見》作為共青團轉
型指針。以培養新青年、占領新媒體陣地為主旨的「小粉紅」運動
至此可謂儼然成型。幾乎同時，與普京Nashi運動驚人的相似，2015
年7月中國以相同的DDoS手法擁塞式攻擊了Telegram服務器，作為
抓捕「709」人權律師群體的策應行動。這個背景下，那些由各級
團委動員、占領百度貼吧和微博的「小粉紅」群體，也是在這一背
景下被微博網友識別並命名。雖然共青團擁有四千萬成員，但是能
夠召集、並且具有行動能力的只有大學校園青年，他們是「小粉
紅」的主體，也是最體制化、最容易被學生運動樣式所動員的，如
1998-2001年間被組織參與反美示威所證明的。這次小粉紅的臉書攻
勢，也具有鮮明的校園色彩，攻勢只維持了約一週即告結束，因為
各高校的寒假正式開始，小粉紅們也無心戀戰。

只是，處在新媒體攻勢和反腐壓力下的團派，同樣面臨相當大的邊緣化壓力，共青團組織內部從上到下危機感嚴重，習－李（源潮）之間策略盟友的關係並不穩固，小粉紅臉書攻勢的前後即受到王岐山主導紀律部門「貴族化、娛樂化」的批評便是證明，亟需以激進手段表示效忠。2016年1月15至16日，李源潮再次主持召開了團的十七屆五中全會，拋出了一份《共青團網絡新媒體工作三年發展規劃》，吹響了小粉紅的集結號。16日這一天，也是臺灣選舉的投票日。中國版的Nashi運動終於在國家副主席的親自指揮下，一場給國內最高領袖做政治效忠表演、檢閱既有新媒體建設和團工作轉型的大規模擁塞行動，便正式啟動。

　　雖然理論上，筆者在數年前率先提出了新媒體時代政黨政治轉向社運化的假說，無論歐巴馬還是普京，都善於利用新媒體和社會運動樣式進行動員，但是，當中國的威權主義政黨亦步亦趨也開始這一轉型時，其現實的迷惑性和複雜性很大程度上會遮蔽新的理論，忘記了獨裁者善於學習的教條。以至於，面對「小粉紅」現象，驚慌失措高呼「狼來了」有之，盲目樂觀靜待其轉變者有之，更多的是嘲諷和失語。須知，嘲諷和謾罵絕不是戰鬥！右傾失敗主義和盲目樂觀主義也不足取。重要的，是從獨裁者的經驗路徑中尋找答案和應對。習近平政權正以俄為師建立一個新的超級威權，俄羅斯的經驗、模式和困境也正是我們今天可能從容瞭解、學習的。從Nashi到小粉紅，從最近幾年俄羅斯Nashi運動的分裂、退縮，到

更為保守的東正教青年團體、全俄父母大會、甚至「哥薩克」等都已衝上前臺,他們更好鬥、更富意識形態侵略性,我們不必對「小粉紅」大驚小怪,能做的也許只是,期待下一波更為凶猛的變種。

「帝吧出征,寸草不留」

中國大型網路論壇「百度貼吧」中,明星足球員李毅的貼吧「李毅吧」被稱作「帝吧」。2005年,「李毅吧」的吧友大舉入侵有過節的「李宇春吧」,短時間內大量發垃圾貼文,是謂「帝吧『出征』」。此舉讓「李宇春吧」,原本可正常瀏覽的貼文被刷到後面,貼吧難以正常交流,吧主雖然極力刪貼,仍抵擋不住,導致「爆吧」,可視為網民的情緒宣洩。後來類似的「爆吧」行為,都會引用「帝吧出征,寸草不留」作為口號。

▌互聯網、共青團和青年創業

　　2016年中國大陸的夏天，極端氣候肆虐，政治氣候也風雲變幻。儘管如此，樹欲靜而風不止，8月2日中辦公布了《共青團中央改革方案》，也可以看作一個連續政治過程中的一個節點，過去幾年圍繞團系的政治鬥爭終於劃上了一個句號，也算是今年北戴河會議期間一個看得見的成果。

　　圍繞團系的政治角逐，交纏在令計劃、薄熙來、周永康集團的派系鬥爭中，他們，甚至包括仍在位的更高層，被斥為「一小撮野心家和陰謀家」，也是2016年秋天「六中全會」即將全力解決的對象。中紀委對共青團中央的批評也空前嚴厲，稱其「貴族化、官僚化」，這給共青團和團系幹部的政治地位和前景帶來極大的困擾，卻也是共青團近來加速轉型的動因。其結果，便是《改革方案》的出檯。

　　縱觀該方案，除了黨團關係改造而明確向習近平效忠的政治要求，最明顯的在於共青團重新回歸青年運動的改造路線，既包括組織結構的，也包括團與青年的關係。經此改造，在未來的中國政治

舞臺上，一個更效忠習個人、更活躍、也更具政治進攻性的一個青年運動組織儼然形成，也就是一個建制化的「小粉紅」軍團。

如此判斷，既是基於過去幾年在共青團主導下「小粉紅」的出現，也是基於更宏大的時代背景：因為互聯網新媒體的出現，深刻改變了社會和經濟，也改變了政治形態；而且，以歐巴馬2007－2008年的總統選舉為標誌，此種新媒體政治還改造了傳統政黨，使政黨也變得社運化了。所謂政黨社運化，是筆者最早注意並且概念化（見諸《中國社會科學（內部文稿）》，2014年第2期），指因為新媒體的引入，傳統政黨的組織結構和動員方式越來越接近社會運動的去組織化和網絡化，呈現出一種新民粹主義的極化政治，對無論民主體制下的政黨競選還是威權體制下的民意操縱都有影響。對於共青團的改造，同樣可見，在黨本身同時也在依賴新媒體進行社運化轉型的同時，更為積極主動、更徹底地進行這種新媒體的社運化改造。如此轉型，已經不僅僅只是為了令計劃案後急於解決對團進行「無害化處理」，或許還透露出強烈的自救意識，彷彿共青團面臨危機的一次集體創業，努力向最高層表忠心、甘當馬前卒的意味，而不再扮演從前在最高政治格局中分一杯羹的競爭性角色。這樣的轉型，無疑是有其深遠意義的。

具體來說，整個方案有兩個亮點，分別印證著共青團的社運化改造。一是去官僚化的設計：團中央開始精簡編制，增加掛職幹部和基層幹部比重，並且不再要求職務等級和工作匹配，等於既去掉了團派官僚升遷的棘輪，破壞了團系幹部的上升通道，又以一種變

相的「內部幹部下放」形式對團系整體貶黜。這是針對中紀委稍早「官僚化、貴族化」批評的回應，從長遠來看，團系作為一個獨立政治力量的威脅就此瓦解。

另一個最重要的趨勢，就是「互聯網＋共青團」的模式，強調網團的深度融合，第一次在黨團－官僚組織層面嘗試以互聯網結構為主導改造黨團組織。《方案》要求團組織走出辦公室和文山會海，進入社會；也要求團幹部主動聯繫青年，直接動員青年；大力實施「網上共青團」工程，推動團員轉為社會志願者。

如此成建制的、社會運動式的轉型，一方面，可以回溯到2008奧運會共青團工作向社會志願者的轉型，團組織事實上發揮著NGO的功能，向黨和政府部門提供有組織的青年志願服務，而團中央正是在賽後志願工作總結的基礎上開始了轉型。另一方面，在此基礎上，「網上共青團」工程則直接孕育了「小粉紅」，團中央建立了統一的「未來網」，各級地方團組織直接建立微博帳號、接收各類網絡平臺，在政務微博中規模最大，也能夠從百度貼吧（BBS）中直接動員，並組織駭客攻擊，酷似俄羅斯的「納什」運動。

然而，在這些表面工作的背後，卻另存兩條暗線，其政治指向異常明確。一條線，是2016年7月13日團中央聯合發改委和央行發布的《青年信用體系建設規劃（2016-2020）》，算是《方案》的先期文件，要求將兩千萬青年納入志願者體系，並且納入信用體系，根據志願工作（如參加小粉紅的網絡攻擊或線下集合）評定、增減青年的信用積分，並與創業優惠、乃至機票優惠等獎懲掛鉤。意味

著，通過團的志願轉型，多達兩千萬青年正在被納入到了一個強制性的監督體系中。如此規模可觀的生力軍，在《方案》的指針下，以預防性動員的方式被賦予了防範「顏色革命」的重要使命，自然，也意味著「小粉紅」軍團的大規模建制化，他們未來可能隨時出動，出現在任何需要的場所，如各種民族主義抗議或者擁戴性遊行當中。

另一條更為隱蔽的線索，卻在在標識著團系力量的建制化輸誠。那就是共青團中央2016年8月2日開會做出的部署，要求團組織積極參與到青年創業工作中。「互聯網+」本是李克強總理上任伊始提出的鼓勵青年人創業、刺激新經濟、緩解就業緊張的一項重要舉措，時至今日，雖然遭遇許多制度性困難仍然在堅持中，而且改變了中國許多青年人的觀念。而《方案》的「互聯網＋共青團」的深度融合，不僅包括團的互聯網改造，也指向了創業本身，並且賦予了鼓勵創業的政治目標。因為其中的鼓勵創業方案，大體上居然可見昔日「中國青年創業國際計劃」（YBC）的影子——一個團中央創始於2003年的創業投資計劃，其領導人正是令計劃的夫人谷麗萍。該創業計劃從過去十幾年裡建立了一個全國性的分支辦公室和多達12,000人的「導師庫」，以及與各地方企業、政府和金融機構的複雜網絡，堪稱創業版的影子「共青團」，也是令計劃和團系深度介入經濟的一支巨大力量。

雖然，YBC主頁上的新聞更新停留在了2015年6月，顯示這一機構的工作陷入停頓，但是，也是從2015年6月開始，臺辦等機構

卻開始了一個總額400億元人民幣的「大陸創業基金」計劃，吸引臺灣青年回大陸創業。該計劃以無償向臺灣青年提供免費辦公室、公寓和創業啟動資金的方式，鼓勵臺灣青年在廈門、深圳、東莞、天津等迄今共21家創業基地、13個城市開展創業。任何明眼人都能看出，這一計劃所爭取的，是740萬臺灣青年，也是臺灣的未來民意決定者，關係臺灣青年對兩岸關係的長遠態度。外界更難以懷疑，缺乏「創業」管理經驗、缺乏青年工作的臺辦會在如此短的時間裡啟動如此龐大的計劃，除了YBC機構的幫助幾無可能。彷彿，當2015年令計劃被正式逮捕前後，他的昔日班底都在「互聯網＋」的號召下開始了一次集體創業。

也即，不僅團系已經全面轉向效忠習近平、甘當對臺青年工作的馬前卒，而且，整個共青團都在主動「無害化」轉向，以社會運動的手法重建組織和動員，參與到對習個人效忠、爭取青年、占領互聯網的一場運動中。未來可見的，必然是更大規模、更為活躍、更為「萌態」的共青團組織的青年運動，那時，人們或許聽不到街道上整齊的皮靴聲，但只要打開手機和互聯網，就能看到鋪天蓋地的美麗青年如何敬仰英明領袖的歌唱。

中產階級的死與生：
兼論雷洋案後維權運動的終結

　　2016年上半年，中國一連串的非正常死亡，引發公眾的強烈反應，政府當局也採取了緊急措施應對，特別是圍繞所謂雷洋涉嫌嫖娼遭遇強制約束死亡的劇情反轉、直至6月1日北京檢察院第四分院對涉案警員決定立案偵查，構成了今年春夏之交的連續事件。只是，無論中國內部的社會運動討論，還是外界觀察，都對這一系列事件的意義認知不足，鮮有人意識到一個全新的中國中產階級政治正在形成，並且告別了2003年以來的維權運動。

中產階級的死亡 ─────────────────

　　這一系列事件的構成，由四起死亡構成：4月12日，咸陽大學生魏澤西（22歲）因盲信百度和莆田系軍隊醫院而病亡；5月5日，廣州醫生陳仲偉（60歲）在家裡被一名病人砍死；5月7日，北京一名環保機構人員雷洋（29歲）死於若干便衣警察的當街抓捕行動；5月10日，鄭州范華培（36歲）因不滿強制拆遷怒殺一名當地官員

後被警方擊斃。這些死亡事件不同程度地在全國範圍引發了抗議，不滿的矛頭指向了醫療體系、軍隊和警察，瀰漫著對城市中產階級安全感的強烈擔心，而且出現了一些前所未有、嶄新的抗議組織方式，中國的社會精英開始捲入其中。

其中，最具代表性的，是雷洋之死引發的抗議和擔憂。雷洋是一名2012年從北京的精英大學中國人民大學畢業的碩士，在5月7日晚在住所附近被幾名便衣警察逮捕後死亡。事後當地警方稱他們在執行「掃黃」任務，認為雷洋剛剛進行了嫖娼活動，並且通過公共電視節目播放了一名當班警察和一名「妓女」的證詞。此外，他們還聲稱附近街區監控攝像頭全部損壞、執勤警察的隨身錄像設備也被損壞、雷洋的手機記錄被消除並非警方所為等等。警方的野蠻執法和事後辯稱首先激怒了雷洋的大學同學和校友，5月11日一封署名中國人民大學88級部分校友的抗議信迅速傳遍中國的社交媒體，引發其他年級校友的多封公開信，包括1977-78級諸多知名校友的聯署抗議。

這些公開信，第一次鮮明地直接質疑中國的警察暴力和警察權濫用問題，而且第一次集體表達了對中產階級自身的擔憂，特別是人身權利得不到基本保障的擔憂，呼籲對雷洋之死進行獨立、公開的調查。在部分88級校友的公開信中，雷洋的死亡過程被描繪為「一次以普通人、以城市中產階級為對象、隨機狩獵的惡行」，批判目標直指警察權，表達的不再只是中產階級的憂慮，而是憤怒。在那封公開信的末尾，人們聽到了一個近十年來罕見的強音；「雷

洋的死並非意外，而是一場系統性的悲劇。我們呼籲最高權力機關展開對雷洋死因的獨立、公正調查，我們要求嚴懲肇事凶手、徹底整頓約束公安紀律，我們要得到最基本可靠的人身安全、公民權利和城市秩序。捨此，在我們未老的未來，我們不會無所謂的。對惡，我們不會忍太久。」就在一週之後，這一彷彿89學運廣場的回音，得到了習近平兩次講話的回應，分別要求當局善待中產階級、以及規範公安執法的問題。

　　儘管這一系列事件仍在進行中，未來的具體結果也不確定，中國社會層出不窮的新熱點可能很快就會轉移公眾的持續注意，但是，中國的政治結構已經由這些插曲性的事件發生了相當根本性的轉變。也許，這種插曲性轉型，可能是推動中國的僵化體制發生轉型的唯一路徑。從方法論上，這些插曲性事件並非發生在中國既有的政治框架內，而是打破了中國社會和政治表面上的和諧和穩定，展現了一種全新的認知框架和新舊力量對比，如哲學家齊澤克（Slavoj Žižek）在他的 *Event* 一書中所做的哲學和精神分析，一個新的政治主體——中國新興中產階級通過這些事件的參與，正在以一種全新的團結方式顯現其主體性。這在過去三年習近平的強力威權統治下，絕對是一個了不起的挑戰和改變。

中產階級的新生

　　這些事件的背後，是中國新興城市中產階級前所未有的力量顯示。他們以校友群加社交媒體的方式進行動員、抗議，而且聯結

了1980年代和1989之後整整兩代校友的正義訴求，表明一種全新的中國政治也就是中產階級政治的上升。這在1989年之後的去政治化的市場經濟進程中，雖然是一次小型的抗爭行動，卻創造了許多第一：第一次以校友方式進行成功的動員，第一次在校友範圍內聯合體制內精英和社會精英的跨代際動員，第一次以精英大學的標籤表達出中國新興中產階級的集體焦慮和憤怒，第一次大規模地直接對抗警察秩序、挑戰中國威權統治的核心──警察制度和警察暴力。

如果聯繫到5月份中國各地中產階級自發組織的反對「高考減招」的大規模抗議，包括自焚抗議，對現行教育制度的強烈不滿，更有理由得出：相比此前，特別是2003年孫志剛事件以來的維權運動，這一事件也第一次標誌著一個原本處在形成期、碎片化、幾無階級自覺的中國中產階級整體上不再置身於抗爭政治之外。因為雷洋之死，一個原本服務於中國社會內部精英再生產的校友紐帶──社會資本，被動員、政治化了，轉化為中產階級抗爭的新劇目。他們然後有了更清晰的身份認同和政治訴求，在自身的集體焦慮基礎上通過社交媒體動員，開始加入集體抗爭。

更有意義的，還在於這一全新的中產階級政治的興起，一個全新的中產階級政治卻登上了中國抗爭政治的舞臺。在過去十數年，中國的城市中產階級悄悄然而迅速地擴大。根據瑞士信貸2015年10月公布的一份研究報告，中國已有1.09億人口進入可國際衡量的中產階級行列，較21世紀初增加了五倍之多，超過美國成為世界上最大的中產群體。儘管一直以來，這一群體近乎政治沉默地「悶聲大

發財」，犬儒主義地為當局的經濟績效合法性提供支持，但是，過去一個月來的一連串事件，改變了他們的集體認知，中國的中產階級開始政治甦醒了，他們寧願回溯以17世紀英國的人身保護法案為訴求，挑戰中國的威權統治秩序。它的直接影響，是中國高層最近一個月回應的幾次基調性講話，表明中國政權的合法性基礎正急速轉向中產階級的支持和消費，即以「供給側」改革應對中產階級的上升，面對一個持續經濟下行甚至長期「L」型曲線的經濟衰退。

維權運動的終結 ━━━━━━━━━━━━━━

　　如此，不能不對比維權運動的中產階級角色：主要是市場化媒體的記者、維權律師群體、少數知識分子、和NGOs 等，只限於日益擴大的中國中產階級的極小規模和少數專業相關群。他們在權利倡導的框架下主要為底層階級和少數群體的權益被侵害提供幫助，以他們的專業能力為後者分散、自發的「依法抗爭」提供支持，包括運動框架、話語、金錢、和法律。

　　儘管這些「從中間往下」的維權運動，還包括最近幾年蓬勃興起同樣以底層階級為幫助對象的公益慈善浪潮，屬最廣泛意義上兩個階級之間的初步政治聯盟，也以這種跨階級方式啟動了中產階級內部的動員，但其聯盟與合作卻相當脆弱，代表著公民社會發育的早期階段。其情形非常類似韓國1980－90年代，當時的韓國公民社會主要是工人階級的抗爭，從新自由主義經濟繁榮受益的新興中產階級整體上保持著與工人階級的距離，只有其中碎片化的學生和知

識分子加入到工人階級的抗爭，作為民主轉型的催化劑。中產階級犬儒主義地躲藏在經濟繁榮和威權主義統治的國家－社會關係中，這是東亞普遍存在的問題，不獨中、韓，直到1990年代才發生改變，如泰國1992-1997年之後發生的變化。

威權當局的策略也十分清晰，承襲殖民主義者曾經的「分而治之」手法，治理手段上繼續強調階級分析，對維權運動採取階級隔離的結構性鎮壓，防範「顏色革命」或香港「佔中」運動延燒至中產階級。這一結構性鎮壓，對公民社會的嚴厲打壓，始於2013年初的「南方周末」事件，隨後的「淨化互聯網」行動，2014年強行關閉一批獨立NGO、先後逮捕NGO領袖、人權律師、女權分子和勞工領袖等，終於2016年4月29日通過的《境外NGO管理法》。以該法案為標誌，這一波結構性鎮壓不僅割裂了國際社會與本土公民社會的聯繫，而且隔離了中產階級NGO與底層抗爭的聯繫，維權運動因此面臨2003年以來的終結。

換言之，防止顏色革命，才是中國政府將之與恐怖主義、分裂主義並列的三大安全威脅。與維權運動平行發展的維穩體制，其目標恰是階級隔離，把維權運動隔離在底層階級和農村範圍內，並污名化那些中產階級的先鋒。但不幸的是，一些在維權運動中斬獲聲望的中產階級維權人士，卻自詡底層階級的代言人，動輒以是否代表底層階級作為抗爭的衡量標準，無視中國中產階級規模擴大的潛在意義，無視私營部門的增長對中產階級規模擴大的貢獻，對中產階級自身緩慢卻堅定的動員冷嘲熱諷。這非常接近戰爭大屠殺後

的倖存者所特有的虛無主義情緒：在公共話語中，他們跳不出27年前坦克碾壓過後的虛無主義；在抗爭實踐中，他們遭受威權打壓之後，反倒以一種犬儒主義的態度，繼續固守在行將過時的維權話語中；在未來民主轉型路徑上，他們把茉莉花革命或佔中運動的廣場策略當作綱領。面對這一全新政治可能帶來的變化，他們不願意想像，寧願繼續污名化他們所未知的中產階級結構變化和中產政治。

未來反對運動的中產基礎 ─────────────

　　正是中國維權運動終結的意義上，過去一個月所發生的一系列事件卻表明了一個全新的發展，中國中產階級的抗爭政治開始以全新的自我動員方式登上政治舞臺。以人民大學88級校友公開信為標誌，他們不僅為中國的抗爭政治樹立了一個新的框架，也開始改變中產階級內部的結構認知，即維繫中產階級認同和再生產的社會紐帶可以轉化為抗爭的動員和力量的顯現。

　　比較底層階級的運動動員，他們顯然有著更豐富的運動資源──無論社會網絡、金錢、理論還是遊說能力。即便是碎片化的中產階級或者中間社會，一旦開始，就沒有理由懷疑中國的新中產階級們可能像韓國或者其他轉型國家的中產一樣，更善於利用新媒體技術和組織、並且更有信念和毅力、創造出更多的抗爭劇目和技巧，逐漸克服階級的碎片化。

　　不僅於此。中國中產階級在已經成為世界第一規模的背景下，具有無人可忽視的潛在政治能量，儘管這一能量在更早的1990年代

或者「零八憲章」運動中被不成比例地誇大了。但是，一旦一個要求教育平權、人身自由和公民權利的以中產階級為主體的抗爭政治開始深化動員，如此次雷洋事件所展示的中產階級精英的社會權力，而非維權運動包括許志永模式在內的單純權利訴求，就能「跨島」式地鞏固公民社會自身的社會權力——以言說和合法性為中心的集體行動，對維權運動的再政治化，如雷洋案的劇情反轉所揭示的路徑。

也就是，即便作為齊澤克意義上集體的逃逸——從底層階級的逃離，他們開始展現的認同和訴求，開始直面政治——當下的威權統治以及中產階級的自我政治，已經超越了外界甚或他們自身原有的體制依附性假定（作為官僚階級與市場經濟受益者的小資產階級集合），並且從對過去十年維權運動的反思，甚至更早可溯至1989年民主運動的遺產基礎上開始進行內部動員。

然後，一個以階級邊界為基礎的反對政治便隨時可能出現，競爭中共所扮演的中產階級庇護者角色，充當這一新型公民社會或者中產階級政治的代言人，影響未來中國的政治進程。在這個意義上，在維權運動終結之際、2013年「南街運動」中最早明確打出政治反對旗號而身陷囹圄的郭飛雄、王清營、唐荊陵等，可謂以肉身先驅聯結著維權運動的終結和新中產政治的開啟。

雷洋案

　　雷洋（1987-2016），湖南澧縣人，2006年考上中國人民大學環境學院本科，2009級該院碩士研究生，畢業後在北京一家環境組織工作，2016年5月7日晚9時許離開家在北京東小口附近一間髮廊外遭遇一組便衣公安圍捕，向周圍民眾求救未果，稍後死亡。

　　事發之後，當地東小口派出所聲稱雷洋係嫖娼被抓反抗致死。但是，雷洋的死亡和疑點在他的人民大學校友中引發不滿。5月11日起，中國的社交媒體上流傳一份署名「中國人民大學88級部分校友」的公開信，該信指責北京警方濫用暴力，應對雷洋的死亡負責，而且北京警方的粗暴執法是「對中國中產階級的隨機狩獵」，呼籲保障公民的基本人身權利。該公開信當天被《新京報》等媒體報導，產生震盪，一週後，中國人民大學77、78級校友組織發起聯署公開信，要求徹查此事，並且追究當地警方責任。

　　5月17日，雷洋妻子吳文翠向北京市人民檢察院遞交了《關於要求北京市檢察院立案偵查雷洋被害案的刑事報案書》，6月1日北京市人民檢察院宣布由該院第四分院負責該案。隨後半年，中國人民大學校友以各種形式展開線上和線下聲援等行動，要求真相和正義。12月23日，北京市人民檢察院豐台分院宣布對涉案的東小口派出所所長以下五名警務人員做出不起訴決定。

校友運動的興起：
雷洋案沒有結束

　　2016年聖誕節前的12月23日，北京市豐台區檢察院宣布了對邢永瑞等五位涉案警察不予起訴的決定。旋即，此後的三天裡，超過1600名雷洋的人民大學校友們聯署公開信，直書「不同意、不認可、不接受」，抗議豐台檢察院的不起訴決定。當逾600名清華校友也加入聯署並捲入更多其它高校的校友，終於，一場中國大陸前所未有的校友運動在雷洋死後的第231天、成型了。

　　如果從社運的軌跡來觀察，這場運動才剛剛開始，正在捲入越來越多的內地高校校友，也就是幾乎整個新興中產階級。未來，既可能隨著雷洋家屬申訴和刑事自訴的展開而深入，更可能因進程的悲觀帶來對司法正義更深的絕望，而最終放棄法律訴訟渠道，尋求其它抗爭手段，包括街頭抗議，從而改變中國的政治景觀。

　　不過，從一開始，如同對雷洋案的百般遮掩，當局對雷洋校友的動員從未放鬆警惕，採取了各種監視、施壓、分化手段。例如，一些積極參與者被「單位」領導談話、勸誡；6月3日傍晚人大校園

一度便衣密佈，防範校友返校聚集；正式的上海校友會最近還革除了一名積極參與者的副秘書長職務。同時，一些對中國公民社會持懷疑態度的人，不僅批評這場運動的溫和風格，覺得不夠抗爭，也質疑這場運動的性質，認為雷洋校友屬中國社會精英，其抗爭是階級自利的，基於校友認同的動員方式不具有公民性，難以複製或推廣。這些質疑聲音在12月23日後的幾天聯署中顯得尤其高調。

的確，長期以來，校友關係在1949年後的中國大陸有著複雜的面向。一方面，高等院校作為共產黨中國培養幹部和人才的學校，承擔著挑選和培養統治精英的功能，大學被普通民眾趨之若鶩視為階級上升、生產「關係」的搖籃。北京的數所精英院校傳統上更是直接向國家機關、國有企業等輸送畢業生，跟精英生產和整個統治階級的再生產密切相關，以至於大眾心目中的北大、清華就是通向社會地位金字塔上升通道的象徵。在打散一切舊階級結構的1949-89年間的四十年裡，也許並不特別如此，畢竟當兵、提幹等方式都為普通人的上升提供了廣泛的空間。但是，在市場經濟改革後至今，尤其是1998年高等教育產業化後，有研究表明高教產業化擴大了教育不平等，對中國社會結構和社會心理的影響是深遠的，甚至影響到今天坊間對雷洋校友動員的不同評價。

具體來說，近年來對教育不平等的研究一再揭示，工業化包括教育產業化對教育不平等的改善幾無貢獻，相反，階級再生產和文憑主義對教育機會的影響更大，強化著階級不平等。如北師大2013年的一份收入分配研究報告表明代際之間的教育傳遞是主要的，即

教育不平等主要來自父母對子女的直接傳遞，其中，又以高等教育為最。這可以解釋中國社會愈演愈烈的教育競爭、學區房價格高企和與此相關的階級固化問題和中產階級日常生活中的焦慮所在。有趣的，在從1940年到2010年的數據分析中，只有1980年代的教育重建對改善階級不平等是最為顯著的。這可以印證雷洋校友的參與者中，1980年代的校友最為積極和突出的，尤其是清華大學的校友支持，明顯集中在1980年代段，他們無論昔日投身改革開放、民主運動，還是今天加入雷洋案的聲援，似乎都在有意回報這種教育平等化產生的精英，如同1989年人大學生高喊「人民養大」的使命感。

相對家庭投入，另一個影響教育不平等的因素是所謂關係。目前的研究發現，關係對教育不平等的改善是相當有限的，呈U型分布，卻在較高階層發揮顯著影響。這或許能解釋精英大學越來越趨向精英階級化，如法國社會學家布爾迪埃研究法國高等教育和國家精英關係時所發現的。中國的情況，當然也關乎階級再生產，尤其是中國教育部自1990年代末期先後推行的「211」、「985」大學精英化工程後，人們早就把北大、清華、人大等校視為體制精英的再生產機器，也才有雷洋案後雷洋的人大畢業生身份被許多人、甚至早期的維權運動者所批評，認為死不足惜，無法超過平民如徐純合的死亡價值，並且批評雷洋校友的行動不過是精英階級的自救，甚至只有關集體的「體面」關係。因為社會廣泛存在著文憑主義的階級歧視，對那些三流大學或者無緣進入高等教育的人群，這種怨恨情緒尤其強烈。

對人民大學來說，相比北大、清華，還多了一些特殊性，長期以來累積了公眾對人大校友的刻板印象，也就是作為與哈軍工同時在1950年由蘇聯幫助建立的兩所蘇式大學之一，偏重意識形態和計劃經濟管理，曾經被目為「第二黨校」。高幹子女在人大就讀的比例並不低於哈軍工、清華、北大等，畢業生曾經主要分布在意識形態和經濟管理部門，現在也集中在金融、媒體、政法等領域，相對低調、務實。但是，作為一直到現在都是中國高校最特殊、可能唯一的一所人文社科綜合大學，在論文排名、社會影響力上固然總是無法與理工類大學相比，但其特殊的校史、學科設置和畢業生職業分布，長期以來，培養了一種中國精英群體中罕有的「政治的超一致性」（surcoherence）。布爾迪埃對法國自由職業者（知識分子職業者）的這一概括，同樣適用人民大學校友的認知模式，因為人大有其特有的近似通才教育的混同教育模式，學生生活在相互緊密聯繫的小型校園裡，學習各種種細分卻相通的人文社會科學課程，結果整體氣質上接近「混混」的實用主義，區別於清華的「傻子」、北大的「瘋子」氣質，而話語上卻中規中矩十分「官僚主義」。這種氣質和話語的不一致，按布爾迪埃的解釋，總是驅動他們尋求政治的超一致性，即試圖把所有生活問題遇到的不一致都歸為政治問題，尤其當他們身為被統治者的時候，往往傾向追求徹底一致性的政治解決。

　　然後，精英階級內部的個體性反叛就會間斷地產生，也不斷產生人大校友的邊界認同。畢竟，通過對話和互動界定共同體邊界

的過程，「終究是個人化」的精神建構和行動，比諸踐行公民的自覺更早、更一貫，如文化meme一般嵌入在人大校友的經驗中：從林昭、林希翎到張志新，從文革中被迫關閉到1978年復校後學生發動的驅逐「二炮」運動，直到人民大學在1989年學生運動成為北京高校中最為活躍、犧牲最大的學校。進入21世紀，還有前副校長謝韜2007年在《炎黃春秋》上發文倡導社會民主主義，代表、凝聚了中共內外的改革力量，也等於總結和改造了「三個代表」的政治路線，幾乎代表了人大某種「異端」的政治立場。正是在這個意義上，相比其他院校受僵化意識形態和「又紅又專」的蔣南翔路線的影響，人民大學校友的實用主義和批判性思維兼具，其「政治超一致性」之強，在整個中國精英再生產體系中的位置都相當特殊。在1989後去政治化的市場經濟時代，除了僱傭單位或者朋友們偶爾能夠發現人大校友在政治觀察上的敏銳和源自「袖珍校園」的強烈認同，這一特性並無任何彰顯，只是隨著校友在中產階級的散布而潛伏。

當傳統派系政治、利益集團等受到強人政治上升而被削弱，當生活世界與政治問題的緊張關係加劇，這種人文社科大學特有的基於「政治的超一致性」的個體主體性，盧曼所強調過的，便可能因為偶然事件而喚醒，並作為個人精神世界和集體認同的紐帶，喚醒共同體的邊界，無論是校友還是階級或價值觀，形成新的政治力量。盧曼將這一過程歸為「雙重偶然性」，即不同行動者在社會系統中的關係，在其不同的行動脈絡中相遇。然後，一場校友們「公

車上書」式的運動便可能發生，只是，他們不再是1989年的在校大學生，也不再重演法國1968五月風暴中巴黎索邦大學、日本京都大學、或者1970年代泰國法政大學這些精英大學的造反，而是分布在廣泛中產階級的精英造反。

首先行動起來的人大校友，是那些「被統治」的、與體制「不一致」、最直接感受生活與政治衝突的自由職業者和自由知識分子。這對「文科」為主的人大校友們來說幾乎是天然的，也是改革開放和市場經濟以來不斷形成的。他們在這次運動中擔當了主力，區別於體制內幹部，或者工程師與技術官僚，也區別於三流大學校友所無法形成的與體制的集體「不一致」。生活世界的各種差異和不平等被跳過了，雷洋案呈現在他們面前的是人權、正義這些基本、一致的政治問題。

這一進路，大不同經典的社會學解釋，也不同於哈伯瑪斯有關公民社會的溝通理論，後者常常為中國的知識分子教條地搬用，甚至抽掉複雜性和偶然性，只會從一個簡化的、理想化角度來評價一場公民行動。他們知識體系陳舊，自覺不自覺地陷入反智，無法理解一場校友運動，不知道一次法律事件中的「雙重選擇」、「認知期待」和「規範期待」，共同構成行動的「雙重偶然性」，也構成行動的多面性。如人大校友們對法庭正義的期待，合乎其中產階級的穩定、規範需要，如同訪民對「青天正義」的期待一樣。但是區別在於他們並未如訪民一般制度的「認知期待」，沒有在過去半年的一次次失望後接受現實，而是愈挫愈勇，既堅持真相和正義，又

緩慢而堅定地提出更政治性的目標，做出更大規模的動員，擴散到更大範圍的社會群體中。相形之下，一些虛無主義者總是急吼吼地批判人大校友「不敢反抗」，或者因人大校友「突然成為反抗者」而莫名驚詫，或者停留在「代言」維權運動和鐵窗內苦難者而面對新變化陷入失語。

人民大學校友在雷洋事件後的瀰漫的同情、悲憤，其所有的個體行動，包括轉發、悼念、聯名等等，就是社會系統內進行複雜選擇的過程，與人大的校友關係和校友們身上的「政治超一致性」相遇，迅速結合成一場行動的具體結構，即公民社會。1990年代以來中國知識分子們在1989後的去政治化趨勢下引入公民社會，所遇最大困難便是本土性轉化問題，除了移植NGO，只能經由一次次插曲性事件進行動員，如2003年的孫志剛事件。而當下其主體，自由行動者和知識分子、NGO、自由主義媒體和公共空間，正被當局打壓日甚而陷入低沉。

然而，這場運動，一場基於校友認同的校友運動之所以可能，端賴社會演進的「雙重偶然性」，才可能將校友的社會資本轉化為公民社會的結構，極大區別於被「關係化」的普通校友關係，更區別於其他傳統「小共同體」的簡單認同。在又一次插曲性事件中，人大校友們結合了維權運動留下的維權律師群體，而社交媒體則讓89前後兩代校友和兩種期望的結合成為可能。因此，從一開始，這場校友運動就有著明確的運動目標和階級意識，對案件和運動的期望有著更為高位的期望，從而展現出迥乎以往特別是維權運動的動

員規模、持久性和政治性；也展現出89一代「老人家」的存在，他們不動聲色的運動技巧和政治指向。

如最初，雷洋死後一週，1988級校友公開信所顯示的，對警察暴力的抗議：雷洋之死並非意外，而是一個系統性悲劇，是警方對「普通人、以城市中產階級為對象、隨機狩獵的惡行」。這一抗議在在穿透著當下警察國家化、權力肆意侵犯人民的政權性質，難怪坊間會流傳雷案從一開始就被最高層定性為有「顏色革命」危險的政治案件。爾後，77、78級校友的聯署公開信再次打破了沉默，當這些體制內資深校友的實名出現在網絡上，校友為之驕傲，公眾為之震驚，雷洋事件開始起變化。包括人大校友在內，公眾開始認真思考對待這場人大的校友運動，特別是作為主力參與的整個1980年代校友們，他們所代表的歷史性和已經進入精英階級的雙重意義，正在一場運動中，沿著校友的行動脈絡「遭遇」了年輕的新興中產階級，都試圖遵循法治軌道尋求真相和正義，對法治抱有的「規範的期待」。

隨後的半年多，是運動隨法律事件的各個節點而發生的自組織和深化。如5月中旬的募款，5月17日第一天就募集到43萬資金，超過1400名校友捐款，募款總額超過200萬後被校友們自我停止，這些捐款轉交給雷洋家屬作為急用和子女基金。最初的動員，通過捐款完成，微信群紛紛建立、擴大，同情之後，校友們開始面對司法正義的問題。6月24日的「七七」紀念，大量詩歌、散文、歌曲和評論都出現在校友的社交媒體上，按年級進行的紀念文集編撰也啟

動了校友的組織化，一些志願活躍者湧現出來，並結成多中心的校友功能小組，校友群的組織和行動能力都得到了考驗。8月17日的百日祭則深化了這場運動的階級性，這一天前後的許多文章開始認真討論雷洋案件所反映的中產階級處境，而不僅是校友問題，這場校友運動也終於擊中了當下中國中產階級的結構，一個最為脆弱的位置，也是人大校友身份的精英階級與更廣大中產階級的重合點。

　　至此，無論是習近平「善待中間收入群體」的講話還是稍後對出警規則的修訂，都反映了校友運動第一階段的成果，他們成功地利用雷洋之死的正義訴求，表達了中產階級普遍的不安，從而自我定義了這場校友運動的階級性質，接替了2003年以來的維權運動。中產階級不再是作為底層階級的援助者、代言人角色介入運動，而是開始赤膊上陣。其後的四個月雖然相對沉寂，但是12月23日豐台檢察院的不起訴決定激起的抗議，終於讓人大校友和其他高校的校友聯盟，展示了新興中產階級以社會運動方式登上中國政治舞臺。這在1989年後的歷次運動形態中尚屬首次。

　　只是，當這封超過兩千人聯署的公開信還在繼續中、正在向更多高校校友擴展的時候，這場已經發動的校友運動剛剛進入第二階段，當局承受的巨大壓力終於壓垮了家屬的意志，雷洋家屬在12月28日晚突然表態放棄申訴。一場包含了幾乎無限可能的運動似乎就此被釜底抽薪，一次插曲性轉型似乎突然就暫停了。然而，雷洋案後的校友運動已經改變了中國的社會結構，雖然只是一小部分，但是一切都可能因此而改變，包括當下的政治景觀。

完美獨裁者的誕生：
2016的中國政局回顧

　　當世界人民聽到川普在競選演說時各種出位言論伴隨著「要讓美國更偉大」，大概很難想像他最終當選美國新任總統，一定沒有想到中國也在靜悄悄地誕生著一位政治強人。就在2016年9月杭州舉行的G20峰會，站在那塊北京地毯廠180名工人用五個月時間織成的2000平米地毯上，習近平背著雙手，微仰頭顱，等待各國元首次第以進。與其說這是媒體有意渲染的如「四方來朝」的盛世景觀，不如說，習之所以不惜耗費巨資籌備這次會議，也許正是為了精心製造他堪與美國總統歐巴馬對談的強人形象，為他過去四年的執政做一個自我加冕。

　　過去四年，相當於美國總統整整一屆任期，習通過建立國家安全委員會、建立多項領導小組的方式，逐漸架空了政治局的集體領導制，加強了個人集權。但是，如果說在此之前外界對他和中國政局的未來仍然看不清楚、並對中國未來是否會重演文革、或者毛主義復辟保持懷疑的話，那麼2016年的發展逐漸讓這一切變得清晰起

來了。只是，相對於美國選舉年的熱鬧和戲劇性，中國的政情即使呈現殊途同歸的強人政治發展，也要緩慢得多，也更具有欺騙性。

以2016年9月的十八屆六中全會為標誌，習推出了《新時期黨內生活作風新準則》，提出了「習核心」。挪威學者斯坦‧林根（Stein Ringen）同年（2016）的著作《完美獨裁者》則準確勾勒了習近平的政治畫像，將這次大會的成果形容為：「邁向一人治國，即使他推出對社會不利的政策，也無人能夠阻止」，如六中全會提出的綱領性口號所喻示的，「一個國家、一個政黨、一個核心」。《新準則》中，集體領導和分工負責的原則並不及於最高的中央委員會層級。中國的黨國體制正在朝著一人領導政黨的個人威權體制方向狂奔，在實務層面，也終於大體上終結了過去幾年沸沸揚揚的所謂中南海的「南北院之爭」。

例如，幾天前，四名常委站臺，習做了加強高校政治思想工作的講話，號召高校重回「又紅又專」的蔣南翔道路，把高校的思想政治工作當作又一個意識形態陣地來對待。如此，不僅延續了從「九號文件」以來規定的「七不講」的意識形態禁令，而且，從反自由主義的層面間接否定了李克強總理鼓勵高校和高校畢業生的互聯網創新計劃，甚至危及未來中國的科技發展。也就是在今年的科技大會上，一些資深科學家們終於忍耐不住，向中央陳情，要求適當放鬆互聯網管制。

類似的，六中全會後出檯了「監察委員會」，並開始在山西、浙江和北京試點。這一改革有著一箭多鵰的效果，既為紀委的四年

反腐運動設計了一個權力制度化方案，算是論功行賞，又為習－中辦和他的個人權力機構開闢了一條「頂層設計」導向的憲政改革道路。而類似的政改和政策方案出檯，儘管有著一些事先的風聲，但總體上都出自一個非正式小圈子，拋開了中共原先的決策協商體制和國務院的官僚體系。儘管一些學界才俊的建議常常能夠原封不動地進入這一渠道，並形成政策，乍看吸納性強、效率高，但是卻非常類似清廷的軍機處，為皇權服務的私人色彩頗強。如此「頂層設計」的決策模式，幾乎堪與媲美川普當下正在進行的組閣，一個拋開官僚和政黨建制的私人帝國的崛起。

或許在這個意義上，外界很容易把習與毛相提並論，認為習的個人集權代表著新毛主義。畢竟，從2015年底就有「習近平思想」的提法見諸報章，黨媒、軍媒和一些積極效忠的地方官員如李鴻忠，都在今年一年、六中全會前後紛紛表達了對習的個人崇拜，但是對他的政治企圖做出這樣的判斷還是簡單化了，就好像輕易地認為文革將在中國重演。其實，從監察委員會的設計可見一斑，這一改革將黨的紀律部門轉為向人大負責而與國務院、法院和檢察院平行的機構，顯然是黨國的國家主義化，黨機器更大程度地嵌入國家機器中，進而需要修憲認可。一方面，有利於黨權的實際擴張，節制行政官僚，另方面也利於暗渡陳倉，利用修憲為個人集權的合法化鋪路，即將各領導小組轉為法定機構，並方便將個人和親信的延任、超齡等一併塞入修憲條款。今年的幾次媒體放風，以及2012年以來將每年12月4日的法制日改為憲法日並空前強調，都可見其

端倪。

　　換言之，習的新毛主義更像是新傳統主義和毛主義的混合，前者在中共黨內以劉少奇的儒家共產主義為代表，兼具官僚階級的實用主義和精英主義，後者以毛氏的不斷革命和群眾路線為內核而激進、擴張。習在過去四年，一方面尊孔復儒，如中紀委的網站在宣傳反腐案例的同時幾乎每天都在強調傳統文化，強調「家規」、「家訓」；另一方面，小規模的內部運動此起彼伏，以小型政治運動和政黨改造的方式進行著毛主義的「不斷革命」。例如，在2016年，中國行政官僚系統內部最為抓狂的事情，已經不是反腐，也不是年初至今的黨員重新登記和繳足黨費的折騰。大概所有人都看清了，政治站隊還是其次，隨著「周薄令徐」集團的覆滅，普通幹部只要不太過分，積極配合，基本不用太擔心了。倒是自上而下的全國性「扶貧、脫貧」運動讓他們不勝其煩，幾乎整個官僚幹部體系和資源都被動員起來了，全力解決各地的貧困問題。

　　這是習針對反腐運動後官僚體系普遍怠工的一次針對性運動，有意在「扶貧、脫貧」的運動框架下把官僚們調動起來、忙碌起來。不僅各部委都被分派了扶貧指標，連中紀委也自己負責對口貧困縣的脫貧，並且全力介入扶貧運動的監察當中，紀委督政的意味十分強烈，很有文革時期「三支兩軍」的遺傳。結果，各地方政府尤其是那些存在貧困縣的地區人仰馬翻，他們以前為了保住貧困縣資格、獲得財政轉移支付費盡心思，今年卻要努力證明如何脫貧以顯政績。9月，甘肅貧困戶楊改蘭殺死四個子女然後自殺的慘案就

發生在這個「脫貧」運動的背景下。

　　而如此轟轟烈烈的扶貧運動，其政治指向自然不可能是為了響應聯合國的脫貧指針。12月召開的「中央經濟工作會議」上，再次確認了習的政策著力點，以「小康社會」為目標，建立所謂「新方位」，把2013年以來的「新常態」、供給側的提法進一步政治化了，明確了習中央可以在必要的時候插手國務院系統的經濟政策，即重新確立中南海南、北院職權和地位的「新方位」。而且，如3月的股市干預、9月底的房市干預等，這些出自最高層面的經濟干預，事後都以長期性目標為解釋。那麼這些長期性目標是什麼呢？比如，這次「經濟工作會議」所再次強調「L型」曲線，或者所謂「新常態、新座標和新方位」到底意味著什麼？

　　也許同樣可以回到「南北院之爭」的矛盾上來。以圍繞網約車的新規為例，外界通常忽視了各地收緊網約車政策是在交通部部長李小鵬履新之後。他在山西省長任內，不僅沒有粘靠當地煤炭業和地方官僚的利益共同體，也遠離所謂令計劃主導的「西山會」，而且積極推行習的產業結構調整，在山西一地實踐所謂L型下降，不顧山西煤價下跌的蕭條，推廣電動汽車發展，尤其是和比亞迪新能源汽車的結合，其力度可能是各省最大的，而能鋪平交通部長職務。相信，這一產業－政治交易也意味著習對李鵬－電力系的交代。這或是中國能源業乃至總體產業調整背後的政經動力。

　　而當萬科－寶能衝突愈演愈烈，在2016年歲末經由保監會主席說出防範「野蠻人」的話後，外界更有理由相信，習在執政之初

對國企的殷切期望不是虛應，他的供給側政策背後的「新常態」也是一個優先保證紅色資本利益的產業結構調整，官僚資本和民營資本都須在這個前提下讓步，實行一種管控的市場經濟或混合經濟，也就是一個可以追溯到1930年代的統制經濟學（controlled economics）的復甦，而迥異於人們簡單地為他的供給側所貼的「供給經濟學」標籤。這種對管控的強調，與林根所總結的管控專制（controlocracy）如出一轍，完美匹配。而且，重要的是，統制經濟最終所服從的是一個紅色貴族和裙帶集團，這是獨裁統治所需，而又與此前的（政治局）常委－寡頭制相衝突。這或許就是習氏「新方位」的政治經濟學。

然後，我們或可理解，在習近平上臺伊始所言「竟無一人是男兒」的執政危機作為授權藉口和追求中華民族偉大復興的民族主義目標之間，他在未來所致力實現的，或稱改革的，將是一個高度個人化的、一黨統治的、民族主義政黨和國家體制。和英國脫歐、川普當選等退守國家主權的趨勢表面相同卻存在重大歷史差異的，中國正在深謀遠慮地放棄共產主義、改為追求如同19世紀末期、20世紀初期德國、日本的後發民族主義道路。如此，才能理解過去一年習如何強調法制威權，同時審理令、周集團案和「709」人權律師案，兩案都被上升到政權安全高度，有著密切的國際互動；另一方面，習的中央政權在香港的粗暴「釋法」，對臺灣蔡英文政權全力打壓，為鞏固南海霸權對菲律賓的國際仲裁案採取強硬姿態、先打後拉，對韓國部署薩德系統後採取壓迫性外交，等等。

剩下的問題，比如2017年的「十九大」、或者之後的五年甚至十五年的執政，這一條民族主義路線如何繼續，端賴他如何繼續加強內部控制、並與普京、川普等國際保守力量的合作或衝突，也就是一個「完美的獨裁者」的誕生。讓我們拭目以待吧。

2017

「新時代」的政治

全球分裂：
全球化逆轉和東方化

從2016到2017這一年間，世界的分裂來得如此之快，如此之深，以至於絕大多數人都沒有做好準備，不知所措。不僅舊的意識形態光譜出現各種混亂、衝突，再也無法對世界建立快捷的分類和認知，而且，這一分裂也撕扯著社群和朋友圈。共識政治的幻覺正在全球範圍內崩塌。

其中，最新也是最重大的崩塌，莫過於2017年6月1日，美國總統川普在白宮正式宣布將退出有關氣候變化的巴黎協議。雖然，他早已在選戰時言之鑿鑿，但是當美國真正退出巴黎協議，不僅不亞於英國脫歐的震動，其意義可能在於根本上摧毀全球最後的政治共識，造成不可挽回的跨大西洋關係破裂，乃至全球分裂的開始。

這並非危言聳聽。自冷戰結束後，歷史終結論一度甚囂其上，幾乎很少人懷疑意識形態的終結，傳統的共產主義和資本主義的制度對壘被全球化代替，全球化的資本邏輯甚至壓過了民主和進步，一個去政治化的全球化秩序幫助了包括中國在內更多非民主政權的

鞏固，以至於中國今年初也在達沃斯論壇上聲稱要挽救全球化，做全球化最堅定的支持者。就像中國的經濟成長完全依靠著國內移民來保持低工資和城市化，現在繼續以「一帶一路」的大規模投資和人力輸出維持全球範圍的低工資，供養全球化所代表的資本秩序。

在中國國內，同樣現象則被秦暉教授描繪為「低人權優勢」，用於向歐美市場、也為歐美媒體和企業界所批判的「社會傾銷」，即他們所面對的中國廉價產品背後的低水平社會福利真相。但是，這一現象進入到2017年，似乎出現了政治的發展。《金融時報》資深記者Rachman出版了一本新書《東方化》（*Easternalization*），把亞太地區的經濟力量成長視作1500年以來的根本性轉折，而川普的相應政策或者「讓美國更強大」的口號不過是這一東方化進程的反應。

這或許正是海湖莊園會議前夕的世界態勢，而海湖莊園的中美領袖握手和習近平的大幅輸誠，則在在體現了中國的供養資本主義觀念，或者說東方化的本質。這不同於20世紀上半葉魏特夫以「治水型東方專制主義」來描述中國專制傳統基礎上產生的現代極權主義統治，也不同於薩伊德的後殖民主義的文化多元主義論述。相反，這種供養式的佛教資本主義模式，最早由斯洛文尼亞馬克思主義哲學家齊澤克提出，用來批評中國與全球化的關係，今天則由習近平的對美、對歐戰略得以例證，並且可能在未來長遠地影響所謂東方化的關係認知。

儘管中國官場上流傳著許多有關習近平夫婦佛教信仰的傳說，

這些當然不能作為中國佛教資本主義的動機解釋，但是，中國社會在公元4-8世紀期間曾經大量引進、翻譯佛教經典，並被儒家思想吸收，漢傳佛教對中國哲學和語言的影響是巨大的，佛教的供養觀念和模式也在這一時期扎下根，並塑造了中國世俗社會和宗教的基本關係。在今天的中國，我們很難發現清晰的現代人權觀念，人們的普遍倫理仍然以佛教的「善行」為標準，生活當中則以布施和獻供所形成的普遍禮物交換關係來維持社會互動。而歷史上除了阿育王堪稱「法輪王」表率，佛教王國和西方亞里士多德以來寄生在「善」的壞政權一樣多。只是，這一模式甚至深刻影響了紅色中國1949年以來的大量外援（輸出革命）模式、近年來的金錢外交和習近平最新出訪德國伴隨的「熊貓外交」。然後，相對於馬克斯・韋伯意義上強調勞工神聖和節制的新教倫理資本主義，中國過去三十年的經濟發展乃至未來的國際關係才可能被重新定義為一種供養式的佛教資本主義倫理。它所欠缺的，也是它所供養的，是Rachman的東方化所強調的經濟力量之外的，是西方社會在智識上的優勢，從而難以令中國和西方之間發生真正的對抗，反而可能形成某種同盟，從而重新定義全球化，也弔詭般地存在中國佛教資本主義的輸出關係上。全球化1.0時代的最大資本輸出地和製造業外移地的美國正在轉向吸引全球資本輸入和製造業內移，中國也從2015年後成為資本淨輸出國、全球第二大資本輸出國，全球化開始發生逆轉。其中，對歐美高端製造業和IT／軟件業的投資是中國資本輸出首選。

另一方面，全球化逆轉──分裂卻在新的政治維度上發生。例

如，在對待LGBT的態度上。一個包括俄羅斯、白俄羅斯、非洲和美國保守勢力在內的一個全球反同性戀保守政治聯盟已經形成，而且早在川普選戰「通俄門」之前就發生了，正在成為一個新的意識形態。以反同性戀為標誌，這個國際保守聯盟對全球進步運動的敵視，代表著一個新冷戰的出現，一個新的意識形態分野，劃分著全球分裂的兩大陣營。保守陣營已經不在乎民主、進步這些1789年法國大革命和美國憲法之後人類開創的文明傳統，而是以全球化為幌子，召喚各種保守主義思想，以成見統治人類的心靈。

在中國，我們也能看到一個文化保守主義運動的興起，儒家傳統和佛教倫理重新占據了中國意識形態的舞臺中心，以此抗衡西方式的人權和民主價值體系。此外，還有類似俄羅斯納什運動的「小粉紅」運動的興起，他們扮演著占領互聯網和新媒體「上甘嶺」的先鋒角色，充當打手對LGBT、對女權、對進步主義的社會運動進行各種污名化的罵戰，或者統統冠之以所謂「白左」，自行納入全球分裂的意識形態框架，或者動輒對類似楊舒平演講進行「辱華」的標籤化攻擊，在「愛國」的名義下遂行反動的、狹隘的、極端的右翼民族主義。隨之沉渣泛起的，是各種以「弟子規」為名的鄉村「樂和」模式和宣揚三從四德的「女德班」。不僅女權組織街頭倡導反性騷擾被禁止，各地興起的同運組織也經受著高壓，預備在端午節召開的西安同性戀大會被強行停止。七月初生效的一個互聯網內容管理規定則詳細規定了同性戀是一種不合適的、「變態」的行為，不宜在互聯網上傳播。

而中美海湖莊園峰會之前，從去年川普參選以來，隨著川普公開在選戰中嘲笑種族、膚色、性別、平等、環保、文化多元主義等諸多政治正確，許多在冷戰期間民權運動中成長然後形成共識的價值觀開始逐一受到挑戰，美國的國內政治進入到一個政治不正確的時代，一個世界範圍的排外主義、民粹主義、反智主義浪潮也隨之再度興起。全球也因此面臨著新一波的意識形態對立。我們這一代人正在見證的，尤其過去一年所發生的，恐怕是冷戰以來最深刻的全球分裂。

　　而最能代表刻下從美國國內政治的極化到全球的意識形態分裂是有多麼嚴重的，莫過於對比同樣在白宮玫瑰廳，僅僅間隔兩年，美國兩任總統先後就同性戀平權和全球氣候變化做出截然相反的聲明。川普反對氣候變化的立場在選戰中已經表露無疑，並不只關乎利益集團問題，可以追溯到美國本土一個小型的保守團體，長年攻擊氣候變化為陰謀論，拒絕科學精英對人類文明的憂慮，只願意相信看得見的客觀體。這一認識論的初級和保守，也影響他們對同性戀問題的政治立場，助長著宗教保守主義價值觀的回歸。

　　在這個意義上，川普宣布退出全球氣候變化巴黎協議，只是這一分裂的繼續發展，看上去輕率，似乎只為實現選戰諾言，卻挑戰歐洲的政治共識也算是歐洲的新意識形態內核──氣候變暖。美歐關係因此面臨著最為根本的衝突。1968革命後的歐洲社運轉向反核和環保運動，在其後的三十年裡逐漸確立了一個以綠色經濟和生態政治為核心的公民共識，以此作為超越民族國家的歐盟存在的政治

責任和合法性基礎，逐漸取代冷戰時期的集體防衛和資本導向的一體化，最大限度地團結歐洲公民社會和資本力量，氣候變化居於其中最重要的政治議題，也是歐洲對全球政治在包含LGBT在內的人權議題之外唯一重要的全球責任所在，稱它為歐洲意識形態毫不過分。

用美國國會外交關係委員會哈斯的話說，梅克爾不久前在慕尼黑的說法，「歐洲不再需要依賴美國或者英國，我們將為我們自己的未來而戰鬥」，是雅爾達以來前所未有的。美歐之間的分裂，既是圍繞氣候變化的分裂，也是圍繞LGBT和人權的分裂，更是圍繞進步和反動的分裂。儘管，他們還都不能徹底拋棄全球化這一所謂最後的資本紐帶，如同中德總理會晤彷彿蜜月一般，如傳銷商人一般乘虛而入，填補著美、英身後的空白，但是，一個根本的意識形態衝突和分裂已經橫亙在大西洋兩岸，也正在逐漸暴露、擴散到其他一切領域和地區，全球無能倖免，都將捲入到這場深刻的分裂之中。

即使對中國，在困難的哥本哈根談判中，曾經互為立場最為落後的中美雙方也終於因為雙方在貿易、人權、南海等問題的巨大差異，而互相把巴黎協議的減排承諾看作雙方唯一的合作基礎，才有過去幾年中國的藍天青山政策。但是，海湖莊園的握手讓這一合作基礎空前擴大，無形中也從氣候變化的承諾中相互解放，美國只需要單獨面對來自歐洲的壓力。中國卻可趁機填補真空，再次大規模擁抱歐洲的高端製造業，收買歐洲政客對中國的大規模侵犯人權、

民主改革落後、廉價產品社會傾銷和市場經濟地位的指責。對了，這一切，也許最終都為換得歐洲將來對中國政府指定達賴喇嘛轉世繼承人的認可權力的承認，而非尊重流亡的達賴喇嘛本人的意願。中國政府最終將扮演佛教資本主義終極意義上佛教與國家關係合一的監護角色。隨著達賴喇嘛生命終結的臨近，隨著中印關係的惡化，這一進程開始加速了。全球也將因此面臨新的分裂。

連接前後三十年的關鍵：
鄧小平的「那三年」

　　如果一個人身後二十年還難以蓋棺論定，大概是因為這樣的人物超出了歷史的理解，如神一般進了廟堂或者如伏地魔一般不可言說，或者是因為人們對他的評價存在巨大矛盾、不可調和，儼然埋藏著社會衝突的導火索。20年前逝世的鄧小平，可能就屬此類人物，並未進入歷史，而是仍然生活在今天的現實生活中，也映射著當下的社會分裂是如此之深。

　　在身後，1997年的3月2日，他的骨灰被撒進大海，沒有留下墓地、墓碑和紀念堂。他的形象沒有如毛像一般被許多家庭供放或者作為吉祥物掛在汽車風擋後，但在整個80、90年代，《鄧小平文選》都是大多數官員和黨員的案頭書，高中和高校的「鄧小平理論」課程一直繼續，對轉型道路存在分歧的保守官僚和自由派知識分子卻可能都信奉鄧氏的「改革開放」路線。

　　對鄧的這種複雜情結，或許反映著今天中國公眾和知識分子對1949年以來毛、鄧路線的認知衝突，也妨礙著公眾和知識分子對

1979年「前後三十年」演變關係的認知，儘管學界總體早已保守化、連一些當初的自由派學者也轉向對1979年以來的「中國模式」或「中國經驗」的總結和提高，乃至不知如何判斷2016年北京西郊的中央黨校校園樹立起鄧小平雕像的象徵意義，第一反應普遍是驚訝和猜測，遑論由此推測未來的時局發展和做好應對。

即使近年來一些重量級學者或政客試圖為鄧畫像，如美國傅高義窮三十年時間、遍訪中國體制內外專家和當事人寫出的《鄧小平時代》，也流於膚淺描述。倒是季辛吉的《論中國》對鄧的70、80年代有著相當精準的觀察，只是過於側重區分鄧的實用主義路線與毛的革命路線的區別，也未能進一步思考毛、鄧兩者間可能更複雜的關聯，很大程度上影響或者代表了世人對鄧的主流評價。

在這個意義上，習近平上任伊始有關「兩個不可否定」的政治宣示，在在提醒著前後三十年的歷史聯繫，或者鄧與毛的繼承性和一致性，可能遠超局外人的想像，而不僅只是習為強調自身的法統連續性或者為了意識形態的平衡。不過，重述前、後三十年甚至鄧的一生並非本文目的。重要的，值鄧小平逝世20周年，觀察鄧小平這個聯結前後三十年的關鍵歷史人物，是透過他的兩個三年，即1974到1976，和1989到1992，兩個聯結歷史變局也是聯結他從1979到1989改革開放關鍵十年的前後過渡，才可能真正理解改革開放30年與毛主義三十年的關係，也認清現代中國政治的實質和走向，然後真正認識鄧的政治遺產和今天習近平的政治企圖。

1974-76：極權主義國家的形成 ────────

　　在其政治生涯的大部分時間裡，鄧小平都被毛本人以及他的戰友們當作一個忠誠的毛主義者，可惜這一點常常被有意忽略。例如，從法國－蘇聯歸來後，他卻最先跟隨毛澤東，因此被早早戴上「毛派頭子」的帽子，在1930-31年間被撤銷會昌縣委書記一職，這是他的「三起三落」生涯的第一落；在1950年代毛發起的歷次運動中，鄧也緊跟毛的路線，包括作為中央書記處書記親手組織了「反右」運動。以至於，毛雖然在文革中打倒了他，卻未開除黨籍，而是留作後備管理者，為他1974年復出事實上取代周恩來埋下了伏筆。

　　鄧的復出，仍然是毛主義的繼續，只是在毛本人親手結束了「小文革」的暴民與精英的短暫同盟，也是結束了1949年至1971年以來的極權主義運動，走向「否定之否定」，共同開始了極權主義的國家化進程。而黨內原有的毛派，即主張繼續革命的「四人幫」，則將運動力量轉化為這一進程中的派系鬥爭。在這三年，關鍵的，鄧扮演著複雜的三重角色：

　　(1) 作為毛所信任的代理人，取代王洪文，凌駕在派系鬥爭之上，雖然最終因批林批孔（周）運動而在周1976年初逝世後被華國鋒短暫取代，但也得以倖存在政變後復出；

　　(2) 作為毛路線調整的執行人，以第一副總理的身份全面主持工作，外交上執行與赫爾辛基會議同步的緩和政策，包括

第一次代表中國出席聯大會議、闡述毛的「三個世界」理論，先後於1975、1979年頻繁出訪西方世界，逐漸結束輸出革命；

(3) 內政上，除了整頓軍隊，1975年以「工業20條」實行「安定團結」的社會經濟秩序調整，和以周恩來同年提出的「四個現代化」為目標在1979年後實行「改革開放」政策。

這三重角色錯綜複雜，也是對鄧難以蓋棺認定的關鍵。就政治性格而言，當我們假定鄧是毛的忠實繼承者的時候，毛自己，也如季辛吉的評價，有著實用主義和不斷革命的雙重性，而非一味的革命浪漫主義。而歷史上，毛作為歷次極權主義運動的發起者，並不妨礙他以實用主義路線區別了中國革命道路與史達林主義教條，甚至不妨礙例如他在「四清」時期採取相對劉少奇極左路線的務實態度，最終發起一場針對官僚主義極權國家化的文革，而最終在1970年代初做出實用主義的自我修正。

鄧亦然，其政治性格的複雜性遠超出人們想像。作為從瑞金開始就是最忠誠的毛的跟隨者之一，鄧在1949年後歷次派系鬥爭中幾乎每次都能平安著陸，與他只忠於毛的超然地位密切相關，似乎也按照毛主義的自我否定，不斷否定著自己。例如，他作為幾乎終生的政工工作者，卻在1970年代復出後繼續追隨毛的實用主義的路線調整，在1979年後否定文革卻堅持對毛評價的「三七開」；他在1957年反右運動中是關鍵的組織者，卻在1974-76年間扮演了「解

放幹部」的角色；1974年以第一副總理職位接掌周恩來的實際管理權，然後在1992年後如法炮製挑選了朱鎔基進京任第一副總理；1974-75年間與周恩來密切合作，而表現上卻刻意保持距離，如季辛吉的回憶錄所說，在1974到1975年的幾次會談裡鄧絕口不提周。

　　從此出發，重新審視1974-76年間導致文革結束的所謂派系鬥爭的關鍵階段，如國內新左派代表汪暉的派系鬥爭終結文革的解釋，便會發現，其動力實在毛轉向的中美緩和路線（對外）、以及安定團結路線（對內）的與張春橋所代表的激進派，也就是極權主義國家與極權主義運動之間的緊張和衝突。這一對動力之間，在資源動員維度上有著相對於國家主義和群眾運動的不同指向，在國際關係維度上也有著尋求合作和輸出革命的不同指向，很可能構成1949年後革命時代中國政治的張力。它們直到1956年匈牙利危機爆發時刻，如沈志華在《冷戰中的夢魘》一書所指出的，毛澤東、劉少奇等人對干涉匈牙利的立場驚人的一致，很大程度上改變了赫魯雪夫的立場，從此標誌著「中國開始介入歐洲事務」，發揮某種程度的世界影響力，70年代之後「三個世界」理論標誌的國際戰略調整才有其意義。然而，當「七千人大會」上公開了毛、劉的分歧後，這一對動力之間的緊張繼續在「四清」運動中顯露，終於引致文化大革命的爆發，並貫穿了毛的整個晚年。

　　如季辛吉在1975年的觀察，1974到1976年間中美關係的停滯也為中國內部派系鬥爭所累，或如1974年「風慶輪」這樣的偶發事件所折射的。當極權主義國家力量最終在1976年政變後占了上風，一

個極權主義國家便真正形成，並延續到1980年代冷戰結束而不是一般想像的導向改革開放的寬鬆時代。而且，如果從激進派所代表的極權主義運動和緩和派所代表的極權主義國家派競爭的角度來理解1976年的這場政變，這一政變的發生與漢娜‧鄂蘭聲稱的「極權主義專政完全沒有成功的或未遂的宮廷政變」的斷言並無衝突。

美國年輕學者杰里米‧蘇利（Jeremi Suri）2003年出版了一本頗有爭議的著作《權力與抗議》（*Power and Protest*），指出1960年代初核均勢出現之後，特別是古巴導彈危機後，核威懾成為美、蘇、法等強權的約束，建立在此基礎上的緩和開始形成。不過，對各大國領袖來說，尤其1960年代末期之後，對內部反抗尤其是年輕一代異議者的擔心超過了核威脅，對秩序平衡（balance of order）而不是強權均勢（balance of power）的追求才是他們最為關注的，也就是內部政治穩定成為國際各強權壓倒一切的政治使命。各強權內部的保守應對措施成為主流，並合流為所謂緩和政策（détente），即所謂東西方的緩和，如勃蘭特在華沙的驚人一跪、毛澤東與尼克森的會面和中美交好等都分別意在防範內部官僚的干預或者內部極端主義者，並在兩大陣營間達成1975年歷史性的赫爾辛基協定。

鄧的貢獻，在於代表毛澤東，在聯大會議上提出了「三個世界」理論，開闢了冷戰後期中國與美、歐緩和的空間，也為中國在第三世界爭取領導權贏得了制高點，主導了中國1970年代之後的外交政策。直到今天，中國以「發展中大國」自居，一方面自視為超級大國，同時拒絕承擔超級大國相應的內部與國際責任，也很

大程度上源於尚未根本放棄這一冷戰時期的「三個世界」理論。而鄧對毛的外交路線的忠實繼承，也就是以蘇聯為最大敵人、與美建立名義上不是盟國的事實盟國關係也就是季辛吉所說的「超級現實主義」，一直延續到整個1980年代。其中，標誌性的，在於1975年葡萄牙前殖民地安哥拉內戰爆發後的中美合作、蘇聯入侵阿富汗後的中美合作以及中國允許美國在中蘇邊境中國靠近哈薩克一側建立監聽站代替原先伊朗境內的監聽站，更關鍵的，是為中國1979年初「教訓」越南提供情報幫助——李光耀對此高度評價，認為改變了東亞歷史、以及從1980年起陸續停止對馬共、泰共、菲共的援助。在毛身後，鄧堅定地執行了毛晚年做出的緩和戰略決策。很大程度上，我們因此可以把鄧1974年上臺至1990年冷戰的連續16年，看作鄧與西方世界的「緩和時代」，與1975年赫爾辛基條約所標誌的東西方緩和同步。改革開放正是在這個緩和背景下發生的，也可稱作中國及早調整路線，從「一條線」到「聯美抗蘇」，而享有的「冷戰紅利」。

另一方面，與國際緩和、對美「蜜月」的同時，卻是一個極權主義國家的形成，對應著蘇利冷戰理論的另一面：一個表面上國際性的緩和政策，冷戰的基調，卻同時代表著粉碎異議的內部築壘機制（mechanism of domestic fortification）。這一內部築壘機制，在中國體現為：一方面，冷戰期間，在「深挖洞廣積糧」的口號下，中國沿中蘇邊境大規模修築了堡壘（人造山和築壘）。北京周邊至今仍殘存了三座人造山（工事），今天則被高樓遮蔽。1976年

江青曾提議由信任的三大軍區各派一個營駐守，作為預防政變的最後力量。另一方面，自50年代末以來依託單位的堡壘式社會控制模式也同時趨於成熟。尤其後者，單位制集戶口、人事檔案、內部保衛、福利和人身依附的「牧人關係」與「社會主義大家庭式」的大院集體生活空間為一體，形成中國城市生活、也是社會控制的基本結構。經歷了1960年代末運動激情後的人們在這種全能主義的單位制庇護下，終於感受到些許放鬆，各種讀書熱、打毛衣熱、打家具熱、打雞血熱等等自發民間生活浪潮也發生在這段時期，理論上與極權主義並不矛盾，倒更貼近1930年代納粹德國時期工人享受到的休假生活。按澳洲學者薄大偉（David Bray）的考察，這種單位制的定型並非毛主義激進政治的產物，而是相反，更多地來自與行政和經濟的考慮，也就是鄧小平主導的經濟調整和安定團結名義下的社會秩序重建。

　　更系統的，1971年林彪出走後毛在開啟對美緩和的同時，1949年以來不斷進行的極權主義運動以「九大」為高潮而告結束，而轉向內部的極權主義建設，即單位制所代表的「單位極權主義」的極權國家或準極權國家的形成。鄧小平稍後的復出，從1974到1976年的三年間，主導著對外緩和和對內控制的雙重任務。他在聯大宣講「三個世界」理論的同時，在國內「抓革命、促生產」、制定「工業20條」，強調的都是增加火車運行班次、實行碼頭工人計件工資等等實用主義的管理政策，也包括在公安、民族問題上的強硬措施。這些接近德國納粹統治時期的統制經濟政策和社會控制的強硬

措施，從1970年代貫穿到幾乎整個1980年代，尤其後者，無論體現在1975年處理沙甸回族問題，還是1983年發動全國「嚴打」，直至1989年動員30萬軍隊平息學生運動，貫穿其中的築壘化「維穩」思維都是清晰可見、且一致的。結果，便是在從1949年到1970年代初連續的極權主義運動結束後，開始了制度化的極權主義建設，一個以單位極權主義為特徵的極權主義國家的形成。這或許是他1980年代反覆講告別政治運動的真正指向，也讓同時代的黨內自由派最大的誤解所在。

更大的誤解還在於，無論鄧在1975年的密集整頓措施，如解救被下放的官僚並重建科層體制、恢復高等教育、整頓軍隊、科研和生產體系等等，還是1978年後的大多數改革，都是圍繞著去運動化而著手加強的國家化建設，包括實用主義地沿襲周恩來提出的「四個現代化」目標、取消人民公社和革委會、提倡幹部年輕化、設立中顧委、啟動法制進程、推動黨政分開和政企分開等。這和汪暉從派系鬥爭終結文革假說衍生出的「去國家化」趨勢然後1980年代的去政治化的政治至今來解釋冷戰後中國主動融入新自由主義的全球去政治化和去國家化的全球化經濟體，正好相反。鄧小平主導的1970到80年代的極權主義國家趨勢，不僅在運動浪潮退去後利用「革委會」從下而上地建立起了一個單位極權主義體制，而且，這一極權主義的國家化還直接繼承了文革遺產——毛的個人專制，形成鄧的領導方式。

一方面，鄧繼承了毛擅長的利用對立派系間的鬥爭進行統治

的手法，維持著與鄧力群和陳雲等「八老」卻代表不同派系的私人交往和力量平衡；另一方面，如傅高義所記錄的，整個1980年代，鄧雖然只有有限幾個頭銜，名義上不掌握所有最高權力，卻習慣居於幕後，作為重大決策的最後拍板人，而且，這一拍板通常只是經由文件圈閱過程，而非協商過程。近年來致力於記錄80年代中國政壇的前《炎黃春秋》主編徐慶全，也跟筆者證實，鄧的領導風格是在家辦公，通常自行決定，或者只和極其有限的幾個「老朋友」商議，最多將胡、趙等召至家中。政治局會議則派秘書王瑞林列席、傳達。這一做法與毛晚年極其相似，且有過之，包括在他1979年前後圍繞對越戰爭進行了一圈國際遊說後再未出訪。只是，鄧在1980年代的這一個人專斷的統治方式，不僅可以比擬毛，也可追溯到他在1974-76年間的領導風格。那一時期，他短暫復出，在1975年1月全國人大會議上被毛正式授予黨政軍頭銜，全面主持工作，已經在毛的餘暉下預演著個人專制。

於是，在表面平靜但高層緊繃、對外緩和、對內築壘化的1970年代，一個20世紀中國歷史上最接近極權主義的國家形成了，而且在鄧的領導下一直延續到1980年代，直至1989年的學生運動如1968的布拉格之春一般改變了這個極權主義體制，進入了後極權主義。在這個意義上，與其說鄧小平是改革開放的總設計師，毋寧說他更是極權主義國家的總設計師。

1989-1992：後極權主義的快速終結 ────────────

　　然而，今天人們判斷中國社會的政治性質，總是糾結在從「後極權主義」到新近「晚期極權主義」的各種極權主義想像之中，既缺乏對極權主義的經驗比較和理論認知，也缺乏對鄧小平在其中扮演角色的認知，有關他如何主導設計了一個極權主義國家，又如何親手終結了它。

　　20世紀作為極權主義的世紀，提供了豐富的極權主義樣本、和極權主義轉型的經驗。一個極權主義國家的建立和鞏固，作為革命的反動，總是依賴一個更大的極權主義陣營。米塞斯對此倒是看得很清楚，斷言「它只能是一種國際現象，不只是某個民族的歷史的一個階段，而是全人類歷史的一個階段」。換言之，一個單獨、封閉的極權主義政權注定是短命的、不可持續的，如1943年建立的意大利社會共和國，或者冷戰後如孤島般存在的朝鮮和古巴。而蘇聯或者納粹德國的存在，總是依賴著通過侵略或者「輸出革命」的方式維繫自身的極權統治。匈牙利經濟學家瑪麗亞·喬納森則將極權主義歸納為自身掠奪的經濟形態，以此解釋極權主義政權對一個共同陣營或者有限開放的依賴、以及自我耗竭的演進模式。

　　中國在1971年和1989年便面臨著兩次暫時性崩潰。鄧在1973年的復出、在1992年的南巡，先後以執行和親自發動的模式繼承了毛主義的「自我否定」，兩次挽救政權於崩潰。所不同的，1974-76年的短暫三年，鄧全力執行了毛的外交路線的調整，終結了極權主義

運動，利用冷戰緩和開始了一個極權主義國家的制度建設；而1989年觸發了極權主義陣營內部最後一波內部反抗之後，再次經過1989到1992年的三年調整，挽救了政權崩潰，也促成了從極權主義的轉型。

更多的人只是關注其後的市場經濟和公民社會引入可能多大程度上幫助形成了所謂中國模式，或者根本改變了中國的極權主義性質，轉向一個深深嵌入全球化的威權主義政權，甚而在全球化危機之後的2017年的達沃斯峰會上成為全球化的吹鼓手。但是1989-92年間的三年期間，到底發生了什麼，鄧小平在其中的角色以及對鄧身後的江、胡政府乃至習近平到底發揮了何種影響，卻始終模糊，語焉不詳。所以，當我們評價鄧小平在其中的關鍵角色，恐怕應當前溯至南巡前的三年，考察其中相對1970-80年代的極權主義有那些不變和變化，以及這些不變與變化與1990年代至今的關聯。

美國政治學家林茨和斯泰潘在他們著名的《民主轉型和鞏固的問題》一書中解釋了這一轉變，特別指出從極權主義到威權主義並不存在一個連續體，而是可能經歷著各種形態的後極權主義階段作為過渡，例如捷克斯洛伐克1968年之後的漫長「凍結」，匈牙利1980年代卡達爾執政期間有限改革和寬鬆的「成熟」的後極權主義，以及匈牙利從1988到89年短暫、早期的後極權主義。相比之下，中國從1989到92年間的三年變化，倒像是這三個東歐國家後極權主義形態的合體：1989年的天安門廣場學生運動之後的演變，如1968年布拉格之春一樣根本改變了極權主義，鎮壓本身即意味著意

識形態和合法性的崩潰，開始了一個不可逆轉的衰敗過程，也就是後極權主義。只是，這一後極權主義過渡並未導向民主化轉型，而是在一個極權主義強人的誘引下轉向一個集體領導－寡頭制的威權主義，結束了繼續衰敗的過程，而以近乎波蘭的威權共產主義模式，取代天主教以市場經濟，建立了一個共產黨統治的市場經濟威權主義模式，儘管最近四年來這一寡頭制正在面臨著重新個人集權化的壓力，也面臨著來自公民社會的空前挑戰。

其中，能夠聯結1980年代和1990年代的要素並不多，冷戰緩和已為冷戰結束所替代，新的時代再也無法維持一個極權主義國家的存續，反倒是那些前共產黨官僚們正在快速學習建立起一個高效的資本主義；毛主義和意識形態都受到摒棄，市場拜物教成為人民新的宗教；傳統的內部築壘和社會控制也遭遇解體。鄧小平1970年代以來一手打造的極權主義遺產，在社會體制層面僅存單位制。相對同期的農村公社，或者城市未納入單位體制的人群也即城市底層階級來說，單位制儼然形成了一個「單位階級」，也是一個空前龐大的特權統治集團。如此才能理解1976年「四五運動」天安門廣場的人們是如何突破單位禁錮的抗議，而到1989年，對學生運動的廣場聲援者已經演變成這一集團內部的造反者。時至今日，經過了二十餘年市場經濟的衝擊，這一單位極權主義並未如預期的解體，面臨新興市場社會衝擊的、以政府機構和國有企事業為主的、保持人身控制的單位體制仍然存在，維繫了黨國的統治集團，新興的城市社區則代之以「網格化」的控制模式；而且，1970年代的單位極權主

義生活景觀還繼續以「陽光燦爛的日子」的集體記憶，成為今天「毛左」們的懷舊源泉。

　　而與單位極權主義平行的，作為漢娜・鄂蘭意義上極權主義標誌的秘密警察以及準軍事警察，在中國晚到1983年才正式成立，分別為國家安全部和武裝警察部隊。1983年，鄧小平實施了全國範圍的「嚴打」，發動了針對知識分子的「清除精神污染」運動，北約組織也在這一年發起了「優秀射手」大規模演習，東西方一度處於最接近核大戰爆發的邊緣，極權主義國家暴力機器的制度化在各個方面被強化、動員和檢驗，從另一個維度標誌著極權主義國家的形成。只是，他們沒有能夠阻止1989年的廣場運動，在鄧小平身後1990年代至今的維穩時代，其「維穩」功用似乎也讓位於另一支秘密警察──國家保衛警察，和政府僱傭卻較非制度化的保安、協警、政府人員和街道「志願者」組成的維穩力量。

　　另一方面，就如「維穩」概念源於1989年政權面臨短暫崩潰之際，係鄧小平親口提出，如果我們從理論上假設維穩本身，相對於極權主義下如漢娜・鄂蘭所說秘密警察的對象是所謂「客觀敵人」，這些正式警察體系內的秘密警察以及各種烏合維穩力量凸顯威權主義統治下濃重的非制度化特徵，其對象也是缺乏清晰定義和邊界的非特定人群。而這樣一支「維穩」力量的機構建制化和規模竟然在2004年後急劇膨脹，每年預算支出遞增，直超國防費用，成為中央和各級地方政府最為頭疼的事務，也交織著幾乎所有社會矛盾，不能不說充分例證了鄧小平在1989年政權危機後的三年間如

何親手結束了他自己開創的極權主義，而為未來的威權主義轉型開闢了道路。理論上，對內部大規模抗議的武裝鎮壓，無論布拉格之春、還是羅馬尼亞1989年底的鎮壓或者緬甸2007年的番紅花革命，都是極權主義性質徹底暴露也因此面臨政權崩潰之際，剩下來的問題是是否有黨內外反對派以何種方式接手的問題。而在中國一切潛在反對派和群眾運動都被消滅、控制的背景下，鄧小平在此後極權主義時代扮演了自我轉型的角色，一如毛澤東在1971年林彪出逃後的調整。

那三年間，從1989年11月鄧卸任軍委主席職務後，傅高義記錄的事項幾乎與1975年間鄧所做的正好相反，卻基調相同：等待美國特使來訪而不是主動出擊，但以中美關係為軸心努力修補與西方世界的關係；對蘇聯政局動盪保持謹慎，置身事外，戰略上呈收縮態勢，即「冷靜觀察、穩住陣腳、沉著應付、有所作為」的韜光養晦。此外，與提出「維穩」並對其後威權主義時代發生深遠影響的，還有重提愛國主義教育，包括1991年由中宣部發布《充分利用文化遺產進行愛國主義教育和革命傳統教育》的文件，以愛國主義填補意識形態真空，為1990年代江澤民任內的文化保守主義轉向和民族主義浪潮和奠定了基礎，真正標誌著1989-92三年間的後極權主義是如何從此前的極權主義生發並繼承下去的轉換關鍵。

當然，儘管普通民眾能夠從隨後的鄧小平南巡和市場經濟大潮中意識到後極權主義的「三年調整」的快速終結，但是對一些僅僅

品嘗過些許的極權主義恐懼卻未經歷過真正恐怖的知識分子來說，寧願把一切的威權形式都當作極權主義，停留在1989年天安門大屠殺的恐怖中，看不到轉型的驅動力，在恐懼中迷失了主體。對他們來說，簡單地歸責鄧小平1989年對學生運動的鎮壓，可以輕易地代替對歷史變遷和政治轉型的理論思考，也可能最重要的，是忽略鄧與毛的高度繼承性。

後者，又是過去三十年來的自由知識分子和大眾幾乎從一開始就忘記了1974-76那三年間的轉折，為毛鄧左右互搏的幻象所迷惑，長期以來陷入了所謂改革派和保守派的派系鬥爭迷霧中，一如毛所擅長製造和利用的派系鬥爭，更為這些共產黨人在冷戰後所實行的高效率的資本主義和新自由主義主張所吸引，從而難以理解從極權主義到威權主義的轉型，是鄧如何親手締造、又親手破壞著極權主義。

更重要的，是理解毛、鄧或者「兩個不能否定」之間的差異性，在於極權主義運動和極權主義國家化之間的張力。在不同的歷史階段它們先後各占上風，有時又以派系衝突的形式表現出來，但是過去數年的中國政局變化，愈加顯示極權主義國家化趨勢的增強，這或是他強調前後三十年歷史一致性的關鍵，作為他的法統基礎。但即便如此，現實政治中兩者張力依舊存在，只是更多地以「微型法西斯主義運動」的模式展現，在過去幾年在意識形態、地方治理、黨內鬥爭、公民社會等各個領域高頻出現。這些都在在提醒著，重新理解今天習近平的政權性質、歷史階段、以及未來走

向，都需要重新審視冷戰史、重新評價鄧小平。

　　例如，如果以1975年為中心向歷史的前後擴展，我們不僅可以從1970年代「三個世界」理論的調整向前審視1955年萬隆會議和1956年匈牙利事件所標誌的中國在史達林身後開始爭奪國際共運領導權，並且向後思考在經歷了多年的「韜光養晦」和「多極世界」主張後今天的變化；而且可以從1975年習近平被推薦上大學，到2012年中共「十八大」上他再次被「推舉」為黨的總書記，看出習所承擔的角色，如何發展1975年以來毛、鄧的緩和戰略，從輸出革命逐步調整到徹底放棄挑戰國際社會，直至2017年達沃斯論壇上力挺全球化於全球化風雨飄搖之際。這樣一個從全球化中受益且不斷加強其極權主義國家化的進程，兩者在其間如何融合、如何改造全球化，似乎正在以齊澤克所批判的「佛教倫理資本主義」形態出現，代替了一個世紀前馬克斯・韋伯意義上的「新教倫理資本主義」，而且習本人也越發自我塑造為毛、鄧以來的一個新政治強人，或者更貼近如清朝滿人政權對西藏佛教的「供養」關係所體現的帝國君主角色。如此，或更能理解未來中國與世界、與美國的關係，儘管這些都需要再進一步觀察和闡釋。

習近平的「新時代」政治綱領：
一個「革命」政黨的世俗化轉型動員

　　在過去三十多年的中共黨史上，還從來沒有出現過這樣一篇大會報告。報告試圖在堅持「十二大」上鄧小平關於社會主義初級階段的理論，又修正「十三大」關於「中國特色社會主義」總路線的定義，然後奠定未來三十年的中共總路線，給出了一個未來中國的政治綱領。

　　應該說，過去一、二十年，中國社會面對各種矛盾的不斷積累、爆發，一直期待一個能夠提供解決方案的總綱領，對中共特別是胡錦濤執政時期契爾年科式的僵化緩慢、遲遲不能響應這一訴求尤其不滿。其間，有黨外自由派知識分子和異議群體聯署的「零八憲章」，但是遭到鎮壓，起草人劉曉波被判刑十一年並在「十九大」前幾個月死於肝癌；隨「零八憲章」運動而漸熱的圍繞憲政改革的公共討論也在過去幾年被消聲；持續二十餘年的公民社會運動形成的人權律師群體、勞工組織、女權運動和一批獨立NGO先後被鎮壓。黨內代表不同路線的不同派系，也在這幾年來遭到了更為嚴

酷的消滅，如倡導更激進路線的薄、周、徐、令集團被樹為最大的競爭對手，成為「反腐運動」、肅清餘黨的主要目標；而向民營資本提供庇護、代表官僚集團利益、也是胡溫政權非正式指定隔代接班人的孫政才，也在「十九大」前夕淪為大會犧牲品。

然後，才有肅清黨內外幾乎所有對手、全國幾無雜音的背景下，第一屆任期屆滿五年，習近平方得向全黨和公眾提交這樣一份政治綱領。其核心，是「新時代中國特色社會主義思想」的13個字。從修辭上，這是對「十三大」「中國特色社會主義」也就是鄧小平理論的發展，並由各常委在報告當天下午以「抬轎子」方式在分組討論時一致冠之「習近平新時代中國特色社會主義思想」。這16個字已寫入黨章並獲通過，會後則簡化以「習近平思想」向全黨和全國公眾宣傳，實現與毛澤東思想並列的黨內地位。

所以，這次大會習的歷史定位和權力追求是毫無掩飾的，樹立比肩毛澤東的黨內絕對權威：在確立未來中共轉型綱領的同時，徹底鞏固自身的集中權力，超越現有政治局常委的集體領導制，並為未來長期連任做準備。這是「十九大」的核心任務，也是這次開幕報告的中心，而非江、胡時代總書記第一次做報告的同時就要迎來隔代指定的候任者，這次大會沒有討論五年後接班人的議題。

其理論基礎，則在於對1956年「八大」和1987年「十三大」以來社會發展主要矛盾的修正：將人民日益增長的物質文化需要和落後生產力之間的矛盾，重新定義為「人民日益增長的對美好生活的需要和發展的不平衡和不充分之間的矛盾」。在修辭層次上，習近

平新時代中國特色社會主義思想是在鄧小平中國特色社會主義基礎上的擴展，建構習近平思想的框架。其實，會前一年，習近平在「全國哲學社會科學工作座談會」上號召學習毛澤東的《實踐論》和《矛盾論》。2017年是「兩論」發表80周年，全黨基層都被要求重讀，習近平報告的基本方法論也是以毛主義所強調的社會矛盾和鬥爭哲學為本，一方面論述新社會矛盾，同時呼籲全黨進行「偉大鬥爭」，強烈表明習思想「新毛主義」路線的本色。

歷史上，如雷蒙德・懷利（Raymond F. Wylie）的研究所證實的，「兩論」是根據毛在1937年7、8月間的講話文本編輯而成。「兩論」文本，一方面沿襲史達林主義教條、同時試圖開闢毛自主性的理論嘗試，即所謂「馬克思主義中國化」的起點。由此，從哲學運動開始，毛展開與忠於莫斯科的王明路線的鬥爭，「兩論」成為毛樹立個人理論權威、進而集中權力、直到「七大」上確立「毛澤東思想」領導地位的關鍵文本。

另一方面，在邏輯層次上，則以「美好生活」這樣一個充滿美國夢色彩和中產階級價值觀的修辭，取代了前三十年帶著求溫飽「生存權」、強烈物質主義發展觀的鄧時代定義。報告對生態、扶貧、教育、醫療等環境和社會政策、及城市治理的強調，也表明這一政綱迎合中產階級的價值取向。由此，我們至少可以直接做出兩點有趣的推論。

其一，習近平智囊班子裡政治學家的話語權上升。報告修辭擺脫了胡時期報告空洞冗長、面面俱到的許諾，體例上則接近更接近

1987年的十三大報告和1992年的「十四大」報告，而比胡錦濤時期動輒十幾部分簡化了許多，與毛主義對矛盾、對鬥爭的強調並行不悖地混搭在報告語辭中。

然而，他（們）在宣傳口徑上雖然拒絕西方式民主和普世主義價值觀，卻在政策取向上效仿美國夢和美好生活的組合，不能不說某種程度上向世界坦白了以美國為師的發展心跡，顯露了報告撰寫組當中資深政治學者的賣力。他們先後以「中國夢」加「美好生活」的組合，引領一個不強調生產力和經濟增長率，轉向內需導向和分配政策的經濟轉型。

其二，中（美）國夢和美好生活的組合，理論上則可追溯到古希臘的柏拉圖對美好生活的哲學探討，以及新教徒們在新大陸的工業革命浪潮下尤其是戰後經濟繁榮所創造的中產階級為主體的「豐裕社會」圖景。在過去幾年，這一提法也屢見於國內一些「網紅」哲學家，他們不懈地對「可能生活」和「良好生活」做新柏拉圖主義的解讀，頗迎合中國新興中產階級「小清新」口味。黨內理論工作者對此的借用和發揮，其意義相當深遠，相當於一次不談階級卻通篇皆中產階級、未直接點明卻主動迎合中產階級利益的政黨轉型。

進而，如果對比此前意識形態及黨的報告對社會主義的強調和堅持，這種「美好生活」的轉向倒更像是放棄對社會主義的類宗教的執迷，而是面向人民生活的世俗化轉型。如果對比此前追求工業化規模、擴大供給的發展模式，美好生活的提法則更像是一次促進

內需和消費升級的國民動員，因應未來經濟下行、為供給側改革和環保主義造成的結構調整提供一個持續性的消費支撐。

當然，更重要的，如果從「世俗的原初含義是『有關時代的』」，也即查爾斯‧泰勒在《世俗時代》中對世俗性的解釋，而非宗教意義上的時間永恒或者共產主義的烏托邦－千禧主義形態，習近平對美好生活的倡導才有了「新時代」的意義──也就是在鄧小平「不談姓社姓資」的30年懸置後真正開始了共產黨的世俗化轉型。

然後，也只有在世俗時代的意義上，「習近平新時代中國特色社會主義思想」下對現代化目標和追求民族國家建設的執著才可能得到理解，那是一個告別共產主義革命政黨的宣言。

剩下的，只是專制地自我定義人民的需求，罔顧社會的多元需求和潛在政治競爭者對人民需求的回應；或者，只是繼續在所謂社會主義初級階段的幌子下，放棄一切超越性的理想，以維持權力和政權為最終目標，而不惜使用任何手段。

例如，在使用鬥爭哲學和手段對付國內外矛盾的同時，這次報告最為鮮明的，就是以「切香腸」的小幅讓步方式，在所有社會矛盾激化的領域一點點讓利，贏得迂迴空間。如教育上減免貧困地區學費和寄宿費、促進高中普及，取消農村戶口消滅城鄉差別，也承諾改革計劃生育以適應老齡化社會，甚至提出推動「合憲性審查」滿足早前憲政運動的要求等等。而這一切讓步，都是在「美好生活」和均衡發展的框架下，避免觸及一部分「先覺悟起來」的公眾

對更大範圍的憲政改革或者更多的言論出版結社自由和民主轉型的要求，至少在未來三十年延緩這些憲政、民主、自由議題等形成挑戰性的運動。

理論上，這種政黨的「世俗化」轉型，代表著一個革命政黨向執政黨的轉型。只是，這一轉型，卻需要重新利用毛主義不斷革命的動員方式進行內部整肅和動員，而且面臨兩個長期性的轉型悖論，也是經歷過類似轉型的國民黨曾經面對的難題：是否存在永續執政的可能？與此相關，個人的終身執政到底是有助於政黨的永續執政，還是反而可能提早終結政黨執政？所謂「其亡也忽焉」，毛澤東當年進北平前面對的問題今天依然存在。這是一個新毛主義者不可能逃避的。

其次，一個世俗化的長期執政黨，總是不可避免地被官僚化、並隨執政進程最終演變成為一個完全的官僚政黨，尤其在繼續「現代化」所需要的技術官僚化和「黨領導一切」的全能主義原則下對社會經濟生活的全面滲透，都加速著這個政黨的徹底官僚化和世俗化，也與人民的「美好生活」全面交叉、重合。意味著，習近平推動的反腐敗運動短期內越成功從而完成他的世俗化轉型、實現對社會生活的全面控制，那麼長期而論，便越可能促進政黨在未來的全面腐敗。

這些悖論來自現代化過程中政黨轉型所面對的內生挑戰，無關乎外部勢力，也與「十九大」最為引發外界關注的兩個核心議題有關，即習近平的權力野心和反腐運動成效。換言之，無論「十九

大」最終決議如何、未來方向如何，一個以高姿態告別革命的政黨，無論多麼害怕，都可能將一切可能危及執政地位的挑戰，無論規模宏大還是微小，都視為革命。這在2011年茉莉花革命後重新成為冷戰後中共的夢魘，也直接催生了危機執政背景下習近平的上臺和集權。那麼，當這個政黨正在試圖使出渾身解數討好一個新興中產階級，且不惜以自身全面轉型為代價，中國中產階級未來的態度變化，支持或不滿的任何邊際變動，都可能對該黨產生不可測的影響，例如2016年發生的雷洋案件。也就意味著，在一個消除了任何可見競爭力量的中共政權內部，世俗中產階級的存在本身就是唯一不確定的力量和因素，那與中產階級生產的公共領域及其超政治的世俗性有關。

　　無論如何，我們都沒有對未來悲觀的理由。

■ 五評「十九大」

小丑政治登上舞臺 ─────────────

　　「十九大」前夕的北京，剛剛開過緊張的「省部級幹部研討班」，國家機關和國有企事業單位的官僚和職工不僅在「黨內生活會」上輪流誦讀習近平「重要講話」，而且被要求「人人當播客」，自我錄一段話發表到微博等社交媒體上，代替了前些年的抄寫黨章熱潮。連同街頭到處張貼的「奮戰一百天、迎接十九大」橫幅，在社交媒體的助力下，在已然轉型為新媒體－青年黨的共青團組織的全力動員下，中國的政治氣氛越來越「熱烈」。

　　這種氣氛是前所未有的。雖然知識分子和黨內幹部多以惴惴之心等待著秋天變局的到來，但是大多普通中國老百姓並不關心「十九大」上到底要如何修改黨章、如何「強化核心地位」，他們更熱衷的是觀賞中印邊界的武裝對峙和暑期熱映的《戰狼II》電影，還有已經持續數月的郭文貴現象。

　　郭文貴，是北京著名地標「盤古大觀」的所有人，大概也代表過去十數年中國「悶聲大發財」政治氣氛下官僚－資本以及國家

暴力加持而暴富的一批商人，但因習近平上任後對舊利益集團的打擊、對「薄、周、徐、令」集團的清洗而出逃美國。過去數月，他先是借用中文《明鏡》雜誌和「美國之音」電臺的影響、爾後在YouTube和推特上連續發布中國的政商醜聞，特別是對有關政客私生活繪聲繪色宛如評書的敘述，吸引了空前關注，推特的中文訪問量甚至因此激增，接近2009年的高峰。

一時間，北京和各地的政治氣氛為之一變，從知識分子的席間談話到販夫走卒和上班族在地鐵、公交的聊天，都繞不開郭文貴。國內首屈一指的《財新》雜誌一再登出「涉郭」的反向報導，「海航」不得不做出大幅的所有者權益調整，連「省部級幹部習近平重要講話研討班」上也傳出中共高層「不惜代價」全力護航的決心。北京街頭和各地公共場所，都出現警察檢查行人手機視頻的狀況。

如此變局，大概是中共高層始料未及的，他們遇到一個只受過中學教育的民營資本家如小丑一般的挑戰。似乎突然間，北京好不容易動員營造出來的「熱烈」氣氛，就被一個反腐運動的出逃商人頗有中國著名藝人單田芳煙嗓的網上直播所解構。這或許就是中國「十九大」前夕最為有趣和弔詭的小丑政治。

雖然外界很難估量這個小丑政治對中共「十九大」布局的破壞力，也很難將中共高層對郭文貴的厭惡和對民營資本的打壓以及對他們在黨內的庇護者的清洗聯繫在一起，但是，小丑政治的出現卻絕非偶然，在在暗示著中國政治的專制主義發展。

小丑，或弄臣最初進入政治，無論是亨利八世時期的薩默斯，

還是威爾第歌劇《弄臣》所表現的法國宮廷，或者中國漢武帝的東方朔，原本代表著專制體系中的表演角色，這些「未閹割」的近臣，享有「言論自由的特權」，以與國王插科打諢的方式紓緩著絕對主義權力下國王的孤獨和君臣關係的緊張。但是一旦群臣效仿，趨附之，宮廷氣氛可能很快就會被更多小丑類大臣所主導，也就是政治墮落的開始。

這幾乎是任何一個專制政權難以避免的，特別是當小丑政治普遍化後，政壇或官場的下流化、假面化、奴化、和金錢化便成為主流政治氣氛。最近中國影院熱映的另一部電影《繡春刀II》便展現了明朝末年因為「閹割的小丑」－魏忠賢而導致的朝廷敗壞。蘇聯崩潰前的長期停滯，也同樣伴隨著類似的小丑政治，影響著蘇聯的官僚文化和社會氣氛，甚至直接催生民間犬儒主義的盛行。

而在郭文貴以「網紅」小丑出現之前，小丑政治其實早已登堂入室，那就是以周小平為代表的政治現象。他以謬誤百出但是富有煽動性的互聯網言論撩撥著網民，將意識形態通俗化，居然得以因此列席習近平主持的最高級別的「新文藝座談會」，進入中共意識形態話語製造的核心圈子，並且獲利頗豐。中國主流知識分子雖然大搖其頭，卻也怒不敢言。而更多的高官則在過去一年，特別是「十九大」前的最後時間，爭相以最肉麻的語言表達效忠。北京政治氣氛的小丑化可謂由內而外。

其墮落甚至波及香港。不僅上至特首梁振英屢屢以諂媚之相出現在政治舞臺上，而且還發生了民主黨議員林子建「自編自導自

演」被綁架的醜劇，嚴重敗壞了香港民主力量的公共形象。連內地不多的民主力量在普遍的政治墮落風氣下，也出現了嚴重的犬儒化傾向。在周小平式小丑政治興起的同時，以「早發早移」為代表的犬儒主義情緒甚囂其上，分化著中國內地的民主抗爭，與已去世的諾貝爾和平獎獲獎者劉曉波所倡導的非暴力民主轉型路線漸行漸遠。

那些小丑們，無論在海外還是內地或香港，無論屬那個政治陣營，都擺脫不了弄臣的角色，為專制的舞臺增加一些私人化色彩，以奴化的假面傳遞著下流政治的信號。但是，就像雨果筆下和威爾第歌劇中唱出的反抗，一旦閹割的或未閹割的弄臣們代替國王成為眾矢之的，小丑政治被揭穿，這樣的專制主義終究持續不了太久的。

從「危機執政」到「新時代」：中共十九大的政治轉型 ——

剛剛結束的中共「十九大」，總書記習近平的理論企圖和政治雄心是顯而易見的：報告試圖在堅持「十二大」上鄧小平關於社會主義初級階段理論的基礎上，修正「十三大」關於「中國特色社會主義」總路線的定義，然後奠定未來三十年的中共總路線，給出了一個未來中國的政治綱領。伴隨的，則是強化習個人權威地位的一系列舉措：黨章得到了大幅修改，「習近平新時代中國特色社會主義思想」和「弘揚中華傳統文化」的提法被一道寫進黨章；習近平的親信人馬擁進政治局和常委，關於未來接班人的慣例討論被無限期擱置；政治局也被改造為向習近平述職的機構，常委們還在會後的2017年10月31日頗有儀式性地參觀「一大」舊址、集體宣誓，有

著向習個人效忠的強烈意味。

　　然而，大會所指向的中共轉型則是靜悄悄的，掩蓋在習近平集權的背後。在過去五年，習近平以「危機執政」的方式上臺並集中權力、展開反腐運動、清除政治對手和黨外挑戰力量。而過去的一個月，他和他的「圈內人」試圖把這次大會確立為中共黨史上的一個重要歷史轉折點，宣告過去五年「危機執政」的結束。

　　以新政治局常委成員來看，最大的變化，也是會議前夕最大的懸念，是黨鞭人物王岐山的退休。王退出政治舞臺後，他親自指揮的、令中國官場人人自危的反腐運動宣布了階段性結束，一方面代之以制度化的國家監察委員會，另一方面則是被身居幕後二十餘年的智囊人物王滬寧取代。雖然後者尚待進一步觀察，但是他的新角色已經在十九大報告中顯露無遺。

　　習近平在「十九大」開幕當天，以三個半小時、三萬多字的冗長報告，修正了中共1956年「八大」和1987年「十三大」以來對社會主要矛盾的定義：過去四十年改革開放基本路線所本的人民日益增長的物質文化需要和落後生產力之間的矛盾，被修正為「人民對美好生活的追求和發展的不平衡和不充分之間的矛盾」。以此出發，形成「習近平新時代中國特色社會主義思想」，擴展了鄧小平的中國特色社會主義理論，建構習近平思想的框架。具體的，則以「美好生活」這樣一個充滿美國夢色彩和中產階級價值觀的修辭，取代了前三十年帶著求溫飽「生存權」、強烈物質主義發展觀的鄧時代定義。報告對生態、扶貧、教育、醫療等環境和社會政策、

及城市治理的強調，也表明這一政綱迎合中產階級的價值取向。而「美好生活」的願景，也更像是放棄了對社會主義的類宗教執迷，轉而面向人民生活的世俗化轉型。

這一變化的背後，便可歸於習近平智囊班子裡政治學家的話語權上升，顯示新一屆政治局常委委員、也是江澤民時代的最高智囊、前復旦大學政治學教授王滬寧在這次大會背後的真正角色，堪比陳伯達和班農的組合。報告修辭擺脫了胡時期報告空洞冗長、面面俱到的乏味風格，體例上則更接近1987年的「十三大」報告和1992年的「十四大」報告，結構上比胡錦濤時期動輒十幾部分簡化了許多，與毛主義對矛盾、對鬥爭的強調並行不悖地混搭在報告語辭中。

其實，會前一年，習近平在「全國哲學社會科學工作座談會」上號召學習毛澤東的《實踐論》和《矛盾論》。2017年是這「兩論」發表80周年，全黨基層都被要求重讀，習近平報告的基本方法論也是以毛主義所強調的社會矛盾和鬥爭哲學為本，一方面論述新社會矛盾，同時呼籲全黨進行「偉大鬥爭」，強烈表明習思想的毛主義血統，也是習近平的「新毛主義」路線的本色。

另一方面，「美好生活」的政治轉型，也透過各種政策上的小恩小惠，避免觸及一部分「先覺悟起來」的公眾對更大範圍的憲政改革或者更多的言論出版結社自由和民主轉型的要求，至少在未來三十年延緩這些憲政、民主、自由議題等形成挑戰性的運動。

這大概才是習近平在大會上所提「勿忘初心」所真正指向的政

黨危機。從2011年茉莉花革命以來，如胡錦濤2011年2月19日在中央黨校的講話所示，顏色革命以及公民社會成為中共在蘇聯崩潰後新的噩夢，防範互聯網和公民生活革命也成為中共從維穩政治轉向安全政治、繼而成為習近平2012年「十八大」前後呼籲防止蘇聯式崩潰的危機執政、要求權力集中的出發點。在一個消除了任何可見競爭力量的中共政權內部，世俗中產階級的存在，無法像少數大資本或者更多民營企業家群體被現有體制吸納，其本身就是中國政治唯一不確定的新因素。

在對顏色革命的恐懼下，任何來自互聯網或公民社會的微小事件或抗議，無論香港的佔中運動，還是去年發生的雷洋事件，中產階級群體在政治態度或行動上的任何邊際變化，都可能對該黨產生不可測的影響，擔心演變成顛覆性的茉莉花式革命，從而將這一新興階級轉化為一個新的政治力量，驅動著中共主動轉型，迎合中產階級，進行全面小幅讓步，也同時驅動著中共堅持所謂社會主義初級階段的政治保守主義，放棄一切超越性的理想，以陳舊的現代化為目標，為維持權力和政權為最終目標，而不惜使用任何手段。

換言之，習近平在黨的「十九大」上對堅持社會主義初級階段和美好生活的論述，某種程度上堪比德國社民黨1959年的巴德哥德斯堡會議開啟的路線轉型，卻以相反的重提「革命黨」的號召，朝向一個以陳舊的民族主義和現代化目標為任務的永久威權。在這一保有20世紀色彩的保守主義路線下，中共在「黨領導一切」的口號下對民營經濟、對社會生活的控制將越來越嚴，並無任何放鬆可

能，政權改革也將在政黨轉型基礎上趨向越來越強的個人威權體制，一個接近1930年代德國的國家社會主義圖景在中國也越來越清晰了。

從洗澡到清洗，十九大前中國高校風雨飄搖 ────────

「十九大」召開前的最後一個月，七中全會落幕，當局公布了修改黨章的議程，圍繞「習近平思想」是否將寫入黨章的角力終於告一段落。不過，最後一個月造勢的主戰場雖然還在新媒體，主角卻已轉換，「小粉紅」褪去，意識形態堡壘的高校教師終於被驅趕上陣了。

這一動員令，來自全黨重新學習《矛盾論》和《實踐論》，也來自浙江大學公布的最新職稱評定規則。按此新規，在《環球時報》微博上獲得「十萬＋」轉發的文章可抵學術論文，吉林大學也隨後跟進效仿。顯示一貫由中宣部主導的高校人文社科學科建設，已經不安於每年的國家重大課題導向，這些課題列表，在過去幾年早已充斥各領域的習近平思想研究，而是經過一個夏季的醞釀後「擼起袖子加油幹」，正在試圖動員高校知識分子如1957年「反右」運動中在報紙上撰寫批判文章一般，在新媒體上展開新一輪的知識分子表演。

2017年是「反右」60周年，不見任何得到官方認可的紀念活動，只有少數知識分子私底下舉行一些研討會，回憶和挖掘當年的「洗澡」經歷。「洗澡」是當年毛澤東發動「反右」運動時所提，

害怕中國會出現1956年匈牙利的起義，在1980年代又因楊絳的同名小說而再次銘記在後人心中，洗澡也因而成為中國自由主義知識分子的心結。但是，自2012年以來，「洗澡治病」重新成為整風話語，對應著高校範圍的一場政治清洗。

2017年3到5月期間，中紀委巡視組第二次進駐高校。這次對14所重點高校做的「政治巡視」，是中紀委的第十二輪巡視，也是拿2013年的「九號文件」對比高校的執行情況，檢查高校的意識形態純潔度。當年那份九號文件可謂2012年以來一系列意識形態整肅的指導性文件，核心是所謂「七不講」。校園空氣也早已人人自危。

一方面，學校的意識形態審查全面進入課堂、圖書館和研究論文。最新圍繞劍橋大學《中國季刊》150餘篇論文的下架糾紛只是一例。學術研究對研討會已經加入許多限制，研討主題需要避開敏感議題，邀訪國際同仁也要提早半年到教育部申請，繁縟的經費審批更令主辦者叫苦連天。而統編版的「馬克思主義」系列經濟學、政治學、社會學等教材早已經在全國高校鋪開，替代原先各校自選教材，特別是西方教材的翻譯版。高校圖書館對涉及「西方」的各類參考書的借閱也都加強了限制，以致於前華東政法大學校長何勤華在最近召開的一次學術研討會上聲討這一荒唐的做法，其影響甚至連「外國法制史」、「西方法制史」、憲法史的課程都難以順利開展。

另一方面，高校教師們早已被要求備案個人社交媒體帳號，教授護照上交由「組織」代管，課堂上也安插有信息員、旁聽員，和

密佈的攝像頭、拾音器一起監視課堂言論。教師間甚至不敢私下多談，流傳著清華國關學院孫哲教授因為飯桌評論習近平而被解聘的消息。

更嚴重的，巡視組到來除了檢查對照學校領導如何維護核心地位、如何落實「七不講」，竟然還翻找教師的社交媒體言論。北師大古漢語專業副教授史杰鵬，即因微博言論而被紀委巡視組點名，慘遭解聘。類似的還有重慶師大副教授譚松，因研究「土改」問題而被解聘。對人文社科領域的思想鉗制已經從洗澡進化到了清除出校的清洗。

但實際上，清洗不僅發生在人文社科領域，在自然科學領域同樣發生著類似的清洗，後者似乎又牽涉到更為龐大的利益鏈條，甚至在以科學名義、以清洗手段掩蓋高校官僚在科學競爭中的巨大私人利益。例如，2017年上半年，（中國）清華大學工程物理系程曜教授被通知退休，與當局處理社科學院的秦輝教授相同。程曜教授是在2002年以「海外高層次人才」方式引進的臺灣籍核物理專家，但是多年來感受到的卻是清華官僚對學術程序和學術自由原則的種種干預，包括干預自然科學基金申請、指使團委幹部對實驗室設備進行破壞、對其私人通訊和生活進行竊聽等等。就是在這樣的險惡環境下，畢業於德國波鴻大學的程曜教授，秉持德國式的堅守和靈活，將實驗轉移到臺灣的清華校園繼續進行，終於在量子測量和計算領域獲得重大進展，觀測到雙光子、室溫超流體現象等。就在最近觀測、計算到暗物質，遠比聳動的引力波更為重要的物理現象

之際,被（中國）清華大學當局以不合規定的理由通知退休、中止實驗。

而其背後,涉及到與中國巨大的研發野心的競爭。中國科技當局和學術官僚總是貪圖大型核子加速器類的超大規模科研項目,上馬量子衛星通信實驗,也試圖模仿美國LIGO,投入百億人民幣規模重複該項目,卻對程曜僅用自籌數萬美元的實驗室儀器做出的理論發現驚恐不已,擔心這種新實驗物理所代表的科技革命對官僚主導的科技體制的顛覆。後者,不僅涉及動輒百億的投資和職位,也縱容著類似韓春雨現象的大量造假。這些學術官僚,不僅無法接受真正的科研創新,即使對清華學生模仿前蘇聯時代的笑話再創作為清華校園笑話也無法容忍。

這或許才是中國那些科技部官僚們每日困擾的癥結所在——他們向高校批覆巨額科研經費,空有論文發表數字,卻始終無法收穫重大原創性科技成果。中國科研體制對學術自由的限制正在導向一個新的封閉和枯竭,如王小波在《2010》中描寫的球墨鑄鐵時代。

對高校文科知識分子們來說,清洗的效果或許最為直接。他們獲得政治局常委領導批示的最高榮耀還將繼續,他們不僅要炮製各種內部報告,還要承擔起在社交媒體撰寫勸進粉飾文章而十萬轉發的「公共知識分子」重任。或許,就像王立軍曾經獲聘西南政法大學客座教授,今日的新媒體紅人周小平獲聘大學教席然後引領中國大學校園風潮恐怕也不會太遠了。

「九大」還是「十九大」？ ━━━━━━━━━━━━━

　　「十九大」召開前半個月，北京的氣氛卻詭異得更容易讓人想起「九大」，那場1969年召開的黨大會。尤其當國慶長假前的週五晚上，孫政才被「雙開」的消息彷彿宣告了過去連續五年「圍獵」行動的勝利結束，也是一連串「微型文革」的結束，權力接班或者權力鞏固也進入了議事日程，並且隨著中國即將迎來川普總統11月的訪華，一切都如同再現1969年的「九大」。

　　1969年的「九大」，是在外界毫無覺察的情形下召開的，兩千名黨代表從地下通道進入人民大會堂。那是經歷了文化大革命的高潮、打倒劉少奇等一干黨內官僚（走資派）和軍內大老後的總結大會，也是1958年的「八大」之後的第11年才召開的。人民要到會後一個月才能從電影的新聞簡報中看到大會景象，他們看到的是會場上，代表們以天安門紅衛兵覲見毛澤東的狂熱，揮舞著紅寶書，迎接毛澤東的進場。而毛在主席臺上旁若無人般隨意的自問自答，點名林彪為他的接班人，並寫入黨章，成為那次大會的永久影像。

　　而「十九大」從會前氣氛到會議主題，簡直就是九大的翻版。自暑期的北戴河會議起，幾乎沒有流出任何消息，高層與會者、知情者均緘口不言，坊間只能從習近平「7.26重要講話」中揣測大會基調，這和往屆大會氣氛迥然不同，卻更像「九大」的秘而不宣，一股以神秘主義塑造個人崇拜的氣息環繞著十九大的前夜。

　　本地所剩無幾的觀察家們能做的，是從中共中央最近一次政治

局會議新聞中推測，寫進習近平思想或者恢復黨主席制，或許是本次大會修改黨章的攻防焦點。這和九大的議程相近，都是在激烈的鬥爭結束後如何總結、鞏固權力，尋找制度化的解決方案，重啟新政治議程。

我們知道，1969年的「九大」，既宣告了文革高潮的結束，也試圖重新彙聚黨內支持開啟新的政治路線。在這次大會前一個月，剛剛爆發了珍寶島衝突，中國隨時面臨遭受蘇聯核打擊的威脅。而會後半年的十月份，欽定接班人林彪發布了「一號令」，展開全國戰備動員，以進入臨戰狀態結束了「小文革」，也開啟了對美緩和戰略。在這個意義上，「九大」堪稱紅色中國的一個轉折點，也是毛主義晚期路線的開始，朝向一個對美緩和、對內以極權主義國家建設代替不斷革命的內部運動。

「十九大」所面臨的國際環境自然遠遠好過1969年，雖然朝鮮核危機隨時可能顛覆中國的地區安全體制，但是習近平和川普的「右翼聯盟」還有更大的合作空間克服朝鮮問題、貿易戰等麻煩，所以內部權力鞏固才是「十九大」的焦點。

技術上，中共在過去五年已經在加速進行民族主義政黨的轉型，試圖以國民黨模式改造共產黨，在最近一年終於形成「一個民族、一個政黨、一個核心」的輿論導向。例如，以「四個全面」改造執政，以「四個意識」來樹立領袖權威，以全面復興傳統文化來充實民族主義意識形態，包括發動類似國民黨1935年發動的「新生活運動」來進行黨外動員，以要求全民背誦二十四字「核心價值

觀」的方式進行「教化」。

　　而政治上，過去五年的反腐運動和政治鬥爭亟需制度化的總結。例如，以修憲方式將「監察委員會」合法化，但是誰也不知「監察委員會入憲」的同時是否會暗渡陳倉，塞進強化或延長國家主席權力或任期的條款。更實質性的，大會面臨如何為林林總總的「領導小組」所集中的個人權力綜合體設計一個適當機制或頭銜，漸進地或者一次性地在個人集權和政治局常委分工負責的集體領導制之間尋找解決方案。

　　畢竟，孫政才的落馬，其所加罪名超過了此前薄、周、令、徐集團所有個人罪名的總和，尤以「毫無理想信念、喪失政治立場、嚴重違反黨的政治紀律和政治規矩」的定性，堪與「九大」對劉少奇的「叛徒、內奸、工賊」的政治結論相媲美。如果把孫視為江、胡時期技術官僚們的自我指定接班人的話，孫的如此境遇便意味著過去五年反腐運動的最終指向所在──技術官僚集團控制的利益集團政治及其制度根源──政治局常委集體領導制的岌岌可危，以及孫所代表的江、胡時期形成的各種不成文規矩，包括政治局常委年齡剛性的「七上八下」和總書記人選的隔代指定與連任兩屆限制等。

　　意味著，「十九大」上圍繞過去五年反腐運動和政黨轉型的權力鞏固，超越了坊間熱議的常委數量和人選問題，更超越了誰留任、誰入局的政治猜謎，而是關乎所謂加強「核心」權力的頂層設計。此前的軍改，不僅針對徐才厚等人，更為解決軍職軍委副主席事實上執掌軍權的問題，而不惜打亂整個四總部、軍種、大軍區體

制和取消重組所有野戰軍番號，重建一個對軍委主席個人負責的軍委機關和美國式的參謀長聯席會議體制，力度堪比1950年1月蔣介石在臺北陽明山開啟的整黨和整軍運動。而在2017年二戰勝利日前夕舉行的朱日和閱兵其政治意義，展示軍改成果——建立軍隊對領袖的個人效忠，顯然超過了任何單純的軍事意義。

那麼，外界也有足夠理由相信，「十九大」的兩千多名代表，兩股顫顫的進京參會，他們在會場的選項也許並不多，除了增減表達效忠的熱烈程度，就是被迫在恢復黨主席和「習思想」入黨章之間選擇其一，後者顯然較為容易接受，也能將馬上廢除政治局常委、恢復黨主席的決議拖延到未來。這或許也是習近平信心滿滿、不僅較往年提早召開黨大會，而且準備在會後的11月以新的的政治身份迎接美國總統川普到來、「夯實」未來五十年中美關係框架的政治算計吧。

在喧譁與沉默中等待加冕時刻的到來 ——————

2017年10月18日是「十九大」的正式開幕日。據說，前一晚北京已經彙聚了超過1800位國際記者，加上沒有拿到採訪證的外圍記者，都夠人盯人地給每個代表分配一個國際記者了。16日的《參考消息》頭條也冠之以「世界的十九大時間」，來形容這場大會如何吸引世界注意。

確實，這次中共的黨大會，基本議程涉及修改有「小憲法」或「實際憲法」之稱的黨章，可能寫進「習近平思想」，甚至可能

設立黨主席制，徹底推翻政治局常委的集體領導制。當然，後者更可能作為一個交換籌碼而已，引誘代表們接受其他看起來不那麼激進的條款。而總體而論，大會是為鞏固習近平過去五年的「改革」──個人集權，總結黨內清洗運動的成果，為習的「新毛主義」和黨的民族主義政黨轉型做一個正式闡述。如果從中國作為世界第二大經濟規模國家、一個新崛起世界大國的角度來看，中國執政黨通過黨大會進行權力確認和形態改造，不能不說關係著世界範圍內一個龐大威權陣營的穩定和擴大，從而關係著人類共同體的命運轉折。大會的意義怎麼說都不算誇大。

但是，大會召開前的最後一週，北京的政治氣氛卻呈現喧譁與沉默並存的奇特景觀，似乎預演著本次大會會場內各力量間角逐的政治劇目，也將是喧譁表忠心和沉默的絕大多數的並存，一邊倒的新個人崇拜運動在官方媒體上展開。只是，不同於過去一年多由原屬其他派系或新近得寵的地方官僚，如天津市委書記李鴻忠、重慶市委書記陳敏爾，先後撰文表態「絕對忠誠」，大會前夕最後一週的造勢，是由那些習身邊的親信人馬赤膊上陣，如北京市委書記蔡奇的最新講話。

其中，最引入注目的可能算是新任武警司令王寧上將。他在2017年10月11日的《學習時報》上撰文，大談軍委主席負責制的歷史意義，號召要「對習主席真正做到唯一的、徹底的、無條件的、不摻任何雜質的、沒有任何水分的絕對忠誠」，堪稱本次黨大會前最赤裸裸、最具進攻性的一次動員，頗有對參會代表的威脅意味。

因為這種以軍方高級將領、且是習親自提拔的將領，在大會前夕做此種言論，很難不令人想起文化大革命爆發時毛通過《解放軍報》親自動員，當時的中宣部和北京市委都被毛批評為「針插不進、水潑不進」，繞開官僚體系、動員軍隊則是毛的一貫手法，在黨其實是毛絕對掌握軍隊的體制下，軍隊成為文革動員和兩年後再度介入平息運動的干預利器。過去五年，隨著對徐才厚、郭伯雄等軍委副主席的清算和軍隊體制的大幅度改革，力度不亞於蔣介石在1950年重組軍隊、重建個人效忠，習也確立了對軍隊的絕對領導權威和統帥地位。然後，這次黨大會上，王寧的文章似乎發出了一個明確的信號：軍隊代表可能將首先以最狂熱的、林彪式的個人崇拜姿態率先山呼萬歲，擁戴習主席的各項建議，樹立習在黨內的絕對權威地位，那將是不受名義憲法的任期限制的連續執政。而其政治正當性，便是王寧在文章中強調的，也是習近平在五年前的「十八大」前後反覆強調的，「在緊要關頭挽救黨」──通過營造危機執政的態勢，要求絕對主義的授權。

　　這便是「新常態」下的緊急狀態常態化，不僅利於權力集中到個人、顛覆之前後鄧時代由技術官僚掌控的分權（肥）體制，也利於強化全面的威權主義的社會控制。然後，在大會前夕，北京乃至全國都陷入了一種「準戰時狀態」，軍警特全面動員，執行戰備值班，對社會狀態實行空氣嚴厲的管制。就在離我住處不遠的回龍觀地鐵站，平素上班高峰時已經人滿為患的地鐵進出口實行「人、物同檢」，按照空港登機的安檢標準嚴查每一個上班族。我只看到，

沉默的人流幾乎停滯，需要花費一個多小時的時間才可能進站，然後繼續一到兩個小時的通勤。這是大會前夕的沉默的絕大多數。他們所面對的，是地鐵空前嚴密的安檢和每個路口佩戴紅袖章的安全「志願者」。進京的物流、電商貨品也遇到各種限制，所有建材市場都被關閉，大部分工廠和建築工地停工，汽車維修的4S店也無法進行噴漆、洗車作業，小飯館被關閉。京津冀周邊情形大致如此。人民的日常生活和社會秩序被突然改變。

社交媒體上，人們開始小心翼翼地發問，如此情形和那些深陷封鎖的加沙地帶的巴勒斯坦人有什麼區別？他們每天穿過封鎖線進入耶路撒冷工作所遭受的安檢和歧視不也差不多嗎？人們很難相信，將要召開的是一個執政黨的五年例會。畢竟，若按漢娜・鄂蘭的政治哲學，這種如臨大敵且秘而不宣的政治，和政治本身所要求的公開性相悖，本質上只能意味著政變。所以，大會的任何結果也許都不會令人吃驚，本來就是過去五年連串微型文革運動的總結，也是連續五年「柔性政變」的最後時刻的到來。一個新的政治強人將在大會上正式加冕。

或許，對那些沉默的絕大多數人來說，對那些蜂擁而至的國際媒體來說，他們期待的不僅是大會的各種懸念，如政治局常委是繼續七人制還是五人制、人選如何、誰上誰下等等，還要捕捉那些穿幫的瞬間。在一邊喧譁造勢、一邊卻如臨大敵所構成的奇妙反差儼如一場戰役的擂鼓聲中，因為過於戲劇性而總會有穿幫的一刻，譬如拿破崙加冕時從教皇庇護七世手中奪過皇冠給自己戴上。或許那

才是中國最高政治舞臺上各種陳舊劇目的意義所在，一個加冕時刻
的到來，對中國和世界政治的改變。我們拭目以待。

北京難民：
被驅逐的新流民階級

　　2017年11月18日北京市大興區舊宮鎮一場奪去19條生命的火災過後，北京市政府在幾乎所有城郊結合地帶展開了一場大規模的「清退低端人口」行動。一週之內，可能有多達二十萬「外地來京低端人口」被暴力驅離，淪為北京難民。

　　從中國社交媒體上流傳的視頻、公民記者和傳統媒體在現場發回的報導看，在他們集中居住的「城中村」被告知必須在兩到三天內搬離，隨後他們經營的餐館、工廠被暴力人員強行砸毀門窗、玻璃，他們的住所半夜被穿制服的警察或協警以破門方式強行進入，在暴力威脅下被驅逐。他們在北京冬夜的寒風中流離失所，有的乘坐火車返回老家，有的在附近的河北省另尋廠房、住所，有的徘徊在北京街頭，都是中國境內的難民。

　　自1962年中國的大饑荒結束後，這樣大規模的難民情形還從未在中國發生過。也有人將它與1942年7月華沙30萬猶太人被驅逐的暴行相比較，在中國的社交媒體上已經激起了一片憤怒和抗議，一

些仍然保持良心的官方媒體也發表了報導，隱晦地對北京官方政策提出了批評。過去五年不斷遭到打壓的北京公民社會，也以異乎尋常的勇氣組織了多方的抗議和救援。例如中國人民大學校友、北京知識界和中國的勞工運動群體都各自發表了聯署抗議公開信。

而引入注目的是，在幾家基督教組織和勞工NGO伸出援手之外，北京的一些公民志願者自發組織了多個救援網絡，為這些難民提供緊急住宿安排和餐飲業的工作崗位，有數百名公民志願者加入了救援的實際行動，展現了北京公民社會在巨大壓力下仍然存在的頑強韌性和勇氣。

但是，如何分析北京當局在2017年的冬天以如此法西斯主義的方式展開大規模「低端人口清退」行動呢？早在2014年2月習近平第一次視察北京提出「疏解北京非首都功能」以來，2015年國務院通過《京津冀協同發展規劃綱要》後，北京市先後於2015年通過了《中共北京市委北京市人民政府關於貫徹〈京津冀協同發展規劃綱要〉的意見》和2017年《北京市總體規劃》，由最高長官意志確定了北京市2300萬的人口容積上限，清理「多餘人口」就成為北京市先後兩屆政府的首要任務，也是北京恢復所謂首都功能的一個急迫目標，要求2017年「取得明顯成效」。於是，在2017年冬天來臨之際，大興區一處廉價公寓的可疑火災過後，在這些外地務工者集中、小工廠集中的城鄉結合地帶，以消防安全和郊區農戶「煤改氣」的環保要求為名，北京市各區行政機關進行了全面動員，各種拆遷機械在大批制服人員護衛下直接進村作業、驅趕住戶，演成一

場仍在進行中的人道主義危機。

　　如果注意到十九大前後由蔡奇擔任北京市委書記，那麼人們很容易得出，這樣一場大規模暴力驅離，大概算是過去幾年地方層面為表忠心、出政績而相互比拼屢屢採取激進主義的治理政策的延續。如杭州為迎G20峰會大搞城市改造、限制物流和車流，廈門為迎金磚峰會同樣搞堅壁清野時的維穩，麗江強行關停一批客棧，深圳嚴禁電動車等等。北京坊間也悄悄議論，這些十九大前後從地方坐火箭進入中央、執掌京城的官吏大概也是一片忠心，敢殺敢幹，不曉得京城水深，把地方強拆模式引入北京，一時民怨沸騰。偏偏巧得很，北京市委採取大規模清退低端人口前，也是前國家網信辦魯煒正式落馬之時，網信辦對社交媒體的刪帖和封殺似乎並未如預期般有力，公民社會的空間也在短視頻社交媒體、義憤填膺和志願行動的同時有所復甦。

　　但是，無論中央和北京市委如何想把北京變成一個類似平壤的劇場城市，並且以大規模清退人口行動作為政治表演，也不能掩蓋如蔡奇在今年8月7日《人民日報》撰文為北京城市改造辯護所列出的另一條可能更重要的理由：政治安全。如同平壤今年8月同時開始的減少首都人口計劃，也是核危機遭受國際壓力下採取的政治安全手段。

　　只是，相比2011年茉莉花革命陰影下北京市以公知群體、異議分子、NGO活動分子為目標群體進行「抓捕和控制」不同，蔡奇這次的目標人群是針對另一個龐大的群體——新流民階級，也就是

這次以大興區西紅門地區被驅逐對象為主構成的群體，包括當地服裝廠工人、工廠主、裝修工人、服務業者、個體店主和淘寶店主等小業主和各種自我僱傭者等。他們和暫時棲居建築工地工棚的建築工人、以及住在工廠集體宿舍的派遣工、合同工等，甚至電商業者、和「主播」群體，共同構成一個龐大且規模越來越大的新流民階級。他們的共同特徵是沒有穩定的長期僱傭關係，也沒有穩定的社會保險和自有住房，與社會主流階級相比處於城市邊緣地位。十年前，這些群體的主要代表是所謂農民工，但是隨著城市化加速和人口流動，特別是非固定僱傭制度的無限擴大、社會保險制度的落後和市民權利的越發收斂，這一群體正在逐年擴大，蔓延至所謂碼農、甚至傳統產業工人，而開始階級化。

英國倫敦亞非學院的蓋伊・斯坦丁（Guy Standing, 2011）最早注意到這一現象。他發現，全球化的資本主義正在全世界範圍製造出越來越多的流民無產者，從發展中國家到發達國家，他們的就業不穩定，工作時間不固定，工資收入不穩定，而且規模巨大，涵蓋了從底層工作到傳統藍領和白領工作，如工廠車間裡的派遣工人、以及許多白領工作崗位，並且形成一個「危險的階級」，製造著新的社會不平等和不安全。

這裡的危險，是類比19世紀的手工業者和街頭商販，相對於當時資產階級和無產階級共享的勞工神聖的道德觀而言，他們屬「危險的階級」，那麼新流民階級的出現也挑戰著今天仍占主流價值觀的終身或固定僱傭觀念以及相關的家庭、婚姻、財產等階級再生產

方式，進而挑戰政治，形成一種「火海的政治」，如2011年的茉莉花革命和占領華爾街運動。

在斯坦丁看來，新流民是一個形成中的階級，而不是一個自為的階級，它本身是非均質的、碎片化的，內部就處於相互戰爭之中；對外，新流民與工薪階層、高收入者和無產階級都屬最廣義的工人階級的一部分，卻分屬不同群體，工人階級也因此碎片化。它在今天的擴大，全因1975到2008年間的全球化進程，特別是中國－印度等新興市場的影響，在發達國家製造了越來越多的新流民。這些國家在壓力下，企業職位、報酬制度、和勞動力都越來越趨於靈活，大量傳統固定工作崗位轉為低薪、流動性、和派遣制，或者關閉。即使在中國這樣的新興市場，典型如富士康的大規模工廠，也以廉價的農民工為主要勞動力來源，國有企業在產生大量下崗、失業工人的同時，代替以低成本、高流動性的農民工（派遣工）。新流民也因而是一個「全球性階級」，並且很容易受到民粹政治家和新法西斯主義的吸引和操縱，如歐洲、北美和其他地方所發生的，因此是一個「危險的階級」。2016年美國大選中「鏽帶」區選民對川普的支持可謂最新例子。

中國改革開放時代最初的流民階級是農民工和進城經商者，今天北京難民的主體稍有變化，但都屬全球化背景下一個「新流民」階級的一部分，而非中國特色，且隨著中國全球化程度加深而擴大，都具有一些共性：（1）基於不穩定勞動（工作）的特殊生產關係；（2）由於缺乏社會保險和幫助產生的特殊分配關係；（3）

缺乏公民權利的特殊（與）國家關係。在現實生活中，他們大多缺乏正式勞動合同，大多缺乏社會保險、缺乏完整的家庭生活，大多缺乏連續的月收入，工作場所常年轉移，游離在主流城市社會生活之外。對這種「不穩定無產者」的描述，甚至可以追溯到馬克思、恩格斯在170年前的《共產黨宣言》：

> 資產者彼此間日益加劇的競爭以及由此引起的商業危機，使工人的工資越來越不穩定；機器的日益迅速的和繼續不斷的改良，使工人的整個生活地位越來越沒有保障；單個工人和單個資產者之間的衝突越來越具有兩個階級的衝突的性質。
>
> ——馬克思、恩格斯，《共產黨宣言》

馬克思和恩格斯使用「more and more precarious」（越來越沒有保障）來形容當時工人階級不穩定的生活狀況。只是，他們堅持以生產資料的占有關係來區分無產階級和資產階級，而不是如服裝、消費、家庭等等生活狀況所反映的階級位置或階層意識來區分他們，理解這些「不穩定的」（流動的）群體因而決定於對無產階級的定義。只是國內學者如潘毅雖然關注經年，卻堅持教條主義的看法，只是將他們視為處於「未完成的無產階級化」狀態中。

然而，問題在於，新流民不穩定的工作和薪酬產生著新的不平等和不安全感，也再產生出新的被排斥，卻無力抵抗，而可能被一波一波的被「清退」或被歧視，無論來自本地市民、還是國家。換

言之，他們面對驅逐的束手，不是因為所謂底層階級的自卑。嚴格意義上，他們不同於底層階級，而是強烈的不安全感讓和公民權利的缺乏，讓他們面對暴力無能為力。所以，這一新流民階級的危險在當局眼裡並非形同2011年，純因他們在落腳城市——城中村的集中居住，而具有了景觀政治層面上的空間衝突。

而最高統治者似乎正以規劃雄安的方式重新做京津冀大區的規劃，特別是北京的重新規劃，猶如個人的精緻沙盤。大興區因為位於北京新機場的「臨空經濟區」而倍顯空間衝突，驅逐行動也暴力程度最高。這些城中村，是冬季煤採暖污染區、火災隱患高發區，還是傳統的治安真空區，如大紅門的「浙江村」，有密集的小型服裝業、物流業、裝修業和市內新流民階級的大量聚居，卻彷彿過著九龍寨一般「不體面的生活」，被視為城市周邊的腫瘤帶，刺激著當局的「安全感」。新流民階級與主流階級的階級衝突因此以空間衝突的方式表現出來，也在十九大「美好生活」政策出檯後成為第一批犧牲品——他們是一個威權定義的美好生活所不兼容的階級存在。

包括，隨著新興中產階級的擴大乃至互聯網創新經濟的增長如快遞業和外賣業的擴大而擴大，進而改變傳統的城市景觀，如街道上擁擠的快遞和外賣車輛、和無數共享單車。甚至，這一階級的不穩定和擴大本身正在滲透影響許多傳統較高收入行業和階層，如碼農（編案：coder，初階程式設計師）和金融業者。他們在市內的住房短租和群租方式同樣有違「美好生活」，而有五道口租住「自

如」品牌公寓、年薪60萬（人民幣）的租戶此番也被驅逐的最新報導在社交媒體上流傳。當然，雄安作為最大規模的首都疏解區，才是未來這些平素不講究穿著、住所和生活質量的碼農們的歸宿。

因此，追根溯源到這些被驅逐的新流民無產階級本身，分析北京當局「清退低端人口」政策，是呼籲公眾和國際社會注意到中國龐大群體近乎所有人的「非公民」狀態。在北京和中國，這一增長中的「長期臨時工」性質的新流民階級，在悄悄改變中國的社會階級結構和城市景觀。他們未享受基本的公民權利，也不享有自由進入城市的權利，卻可能因為不穩定的勞動關係和社會保險的缺乏，即中國勞動制度和社會保障制度的落後，以及他們不穩定生活方式本身對城市空間的挑戰，而無關戶籍，可能在未來變成新的歧視藉口，然後被國家機器以暴力方式強行隔離，以這種人為劃分社會權利差異的方式，進行階級隔離。只不過，這種階級隔離不再是傳統意義上無產階級和資產階級在教育和住宅的隔離，而是更為隱蔽的對新流民階級甚至一切審美有問題、政治上不可靠階級的隔離。事實上，北京本地貧民近年來已加速搬離老城區、遷往遠郊經適房（編案：經濟適用房，由中國政府出資，以低價出售給中低收入戶的住房，類似國民住宅的概念。）或廉租房，形成一種本地階級隔離。連隔離本身也可能在猶如猶太區的落腳城市——城中村中悄悄進行，隔離公眾視線，演成一個個新的人權災難。

在時間線上，這是「十九大」後，當局「美好生活」的烏托邦設計和激進主義的治理路線共同作用的結果，形成一種新的內部

殖民主義，相對於改革開放三十餘年不斷破除社會壁壘之後的一次反動。而這一轉折出現在2017年初達沃斯論壇中國表態支持全球化之後，似乎表明中國正在準備以新的戰略主動改變全球化。而且，主事者顯然深諳李鴻章治國之道，沿襲淮軍以修圍子抵禦捻軍的方法，到處修防火牆，將戰術戰略化，把「維穩」手段當作國家治理：不僅強調互聯網主權而修建防火牆，還沿著「一帶一路」在民主世界和威權陣營之間修築防火牆、在聯合國主動出擊切割人權議題，更積極在內部修建金融穩定防火牆、對新流民階級採取空間隔離，確保蔡奇所說的所謂政治安全。

　　未來，如齊澤克2012年所說，「因為一個長期工作而被剝削正在成為一種特權」，未來被容許留在北京長期工作和生活的，或許是那些按照新的「社會信用積分制度」達到合格積分的精英分子，新的特權階級。或許無須更多的街頭暴力展示，而代之以大數據的象徵性暴力，就足以把愈益加劇的新流民階級與主流階級的階級衝突和空間衝突隨時轉化成一次次人權危機。北京難民，或許還將因內部殖民主義的加劇而不斷產生。不過，也因此，這些並非自為的新流民階級，理論上也可能在一次一次的被驅逐、被隔離中獲得他們的自主性，而成為一個自為的階級，也是真正的「危險階級」。

參考文獻 ————

Standing, Guy (2011): *The Precariat: The New Dangerous Class*, London: Bloomsbury Academic.

2018

習時代的政治景觀

▋ 最終還是接班人的問題

　　從董仲舒以來，天人感應作為一種政治哲學就是中國的儒家政治倫理，既是對皇權專制為數不多的一種制約，也是民間讖緯之學乃至揭竿而起所倚重的邏輯，綿延至今。人們對暗箱政治無從而知，只能借用推背圖、大洪水之類或新或舊的東西來揣測。內地中年以上人民，也大部分還記得1976年毛澤東去世前後的各種異象、災害。這或許也是毛身後人民開始反思、政治寬鬆化的開始。

　　2018年，又一個戊戌之年，北京人民大多還記得120年前的未遂革命，坊間流傳著今冬大旱、火災的某種預兆。終於在十九屆三中全會前夜，舊曆新年氣氛未退之際，新華社公布了二中全會的修憲草案，一時社交媒體輿論大譁，也令世界吃驚。這一修憲草案的修改幅度之大，是1982年憲法之後歷次修憲文本改動最多的，只是並未有任何朝向更為改革、更為民主的方向，而是空前強化了黨國體制論述，譬如第一次在憲法正文中加進了黨的領導地位的規定。

　　特別的，暗渡陳倉一般，包含了對憲法79條第3款的修正建議，取消國家主席的任期限制。去除了對國家主席連任的名義限制

後，在沒有對中央軍委主席和黨的總書記（何況修憲文本首次在正文裡明確了黨的領導地位）有任期規定的條件下，一個集黨政軍三者權力為一身、且無任何形式約束的超級總統制，或者終身總統制便形成了。

雖然筆者早在五年前即已預言修憲時刻的到來，並且在「端傳媒」上深入分析了習身上的新毛主義和執政理念，且過去五年習發動的所有運動都在按部就班地消滅黨內外挑戰力量、營造領袖氣質，但是此次修憲仍然秘而不宣地展開，知識分子普遍抱有幻想，人民也只是事後的被告知者和「擁戴者」。可以想見，即將召開的第十三屆人大，經過專門挑選的代表們將會沒有懸念地按下表決器，批准這一攬子修憲建議，迎來一位親自看守民族復興進程的偉大領袖，陪伴到至少2035年。2035年是中共十九大上所確立的民族復興節點，也是央視春晚上極紅的表演團體「TFBoys」小組演唱的歌名。

但是，毛時代政治動盪的根源卻到今天仍未解決，那就是權力交接的接班人問題。鄧時代的改革開放之所以成功，至今仍然得到相當多經營和民眾的支持，除了致富因素，很大程度上便因在處理接班人問題上的開放，乃至在鄧身後，為挑選接班人而出現了某種程度的黨內民主，強勢如江也遵守了兩次連任的默契。而今次修憲等於用擱置接班人的辦法，基本杜絕了未來採取民主方式的解決可能。由此是否可能帶來中國未來政局的潛在動盪呢？這或許才是國際社會更為關注的問題。

在毛時代，從1950年代到1976年毛去世、甚至毛身後的幾年裡，接班人問題始終困擾著中共，也是幾乎歷次權力鬥爭和政治運動背後的歸因。高崗因此成為1949年後的第一個犧牲品，而毛、劉之間的鬥爭以路線鬥爭的方式從1958年大躍進開始，在「四清」運動中激化，然後引發全民浩劫的「文革」。即使在文革的高潮，1969年的「九大」上，那一次黨大會確立了林彪的接班人地位，卻也因為毛試探性地推舉張春橋作為隔代接班人而埋下了日後林彪出逃的種子。在毛的最後幾年，接班人問題同樣貫穿著中共的權力鬥爭，最終以宮廷政變的方式結束，而真正的權力交替遲至華國鋒下臺才算完成。

正常的權力交接不解決，因為接班人問題造成如此動盪、如此殘酷，或許正是鄧小平努力廢除領導幹部終身制的初衷。在他主政期間，政治局常委的集體領導制至少在名義上建立起來了、在機制上運作起來了，並且在他身後順利運轉到江、胡的二十餘年。這一集體領導體制的出現和其他共產國家在強人體制結束後的短暫過渡時期的轉型幾乎一致，例如狄托總統死後南斯拉夫共產黨的集體領導制。只是，後者很快出現了新的政治強人，米洛塞維奇利用選舉和民族主義成為南聯盟總統。蘇聯的這一集體領導制出現的時間過於短暫，僅僅為所謂「8.19」政變的短短三天，幾乎被人忽略，馬上就被葉爾欽顛覆，取而代之的是延續至今的普京模式。

在這個意義上，中國過去五年來不斷地以俄為師、逐漸建立起一套普京模式的個人集權體制和民族主義轉型，堪稱一場柔性政

變，大大降低了政治局常委的權力地位，在打擊政治對手的同時，消滅著常委們的分工權力，代之以的是一個非常委委員構成的裙帶圈子作為決策核心。直到今天，這場柔性政變才算告一段落，卻未徹底結束。因為，雖然不能簡單地將中國未來等同於1990年代的巴爾幹危機，但是，這次修憲基調本身就蘊含著許多經典的不確定性，可能在未來繼續困擾著中國政治和國際社會。

簡單地說，這次修憲的基調有著濃重的黨國色彩，包括強化黨的領導地位論述、強化意識形態條款、新增監察委作為一個事實上向最高領袖負責的特權性行動部門等等，都旨在明確以往模糊的涉及四項基本原則的爭論，在很多人看來似乎回歸了毛時代的75憲法，卻更可能是為未來的合憲性審查做準備，避免憲法危機。這一做法，顯示習和毛的最大區別在於制度化與否。從過去五年習的改革來看，他的新毛主義更傾向於以各種頂層設計和所謂社會主義法治所代表的制度化建設和國家主義建設。只有在這個背景下，才可能看出未來的接班人問題是否會導致毛時代的動蕩。

至少理論上，相比毛時代的革命化、去制度化、和反官僚化，習氏憲法所確立的終身「總統」制反倒可能防止派系鬥爭、權力鬥爭上升到圍繞接班人的鬥爭，後者是你死我活的、更為根本的，並且更有利於利用不同派系的鬥爭。對普通民眾來說，反倒像回歸了毛時代或者皇權社會，多了一些心理安慰。這些都對中國政權穩定有實質幫助。

更重要的，新的權力集中體制也消滅了江胡時代的寡頭體制以

及這種寡頭體制所派生的利益集團政治和寡頭經濟，如過去五年外界依次看到的被整肅的能源、互聯網和金融行業等，這些行業內的大案無一不和常委級別或者黨內元老相關。習近平有時也掛在嘴邊的「把權力關進籠子」，正是針對這些黨內大老級官僚。並且，不僅通過反腐運動和設立監察委，還試圖以憲法宣誓的方式重建官僚的效忠。這種黨國憲政主義的模式，也可能極大地緩解民眾對官僚體制的不滿，有助於政權的穩定。

所以，總體來說，此次修憲的意義，理論上和實踐上，都在於發展了一種「晚期威權主義」，以個人威權加上黨國憲政主義維繫政黨的長久統治，也在此框架內協緩和內部矛盾，將權力的集體壟斷造成的體制性危機轉化為十九大所提出「人民追求美好生活和發展不平衡」的矛盾，進而轉化為一個頗具20世紀上半葉色彩的民族國家模式，即一個民族、一個政黨、一個領袖的政治體。在修憲完成後，原來僅具名義上國家元首意義的國家主席也成為這個民族國家的最高權力代表。由此，便產生了憲法文本內含的危機可能，即名義上最高權力代表的全國人大和國家主席的關係問題。

這一理論上的憲法衝突，固然可能繼續被黨所領導的人大所遮蔽，卻可能因為官僚體制的被約束，而在未來因為民眾的民主意願的上升轉化為直接的政治訴求，進而成為憲法危機，如同去年底、2018年初以來在伊朗所發生的抗議，抗議民眾把抗議目標直接指向最高宗教領袖和宗教戒律。相比中國過去二十餘年的維權抗爭而言，這次修憲也形同幫助轉換了抗爭目標，開闢了一個更為直接

的新戰場，從而根本改變了中國未來政治的性質。這才是晚期威權主義當中晚期的本來意義，好比1970年代晚期資本主義的出現和批判。

在這意義上，作為世界範圍內新民族主義潮流下的產物，中國的修憲正幫助中國建立一個「過時」的民族國家體制，也更大程度地如同2017年達沃斯論壇講話一般把自己的內部穩定牢牢地與全球資本主義捆綁在一起。對照修憲草案條文，正值1848年的《共產黨宣言》發表170周年，文本共產主義與現實資本主義的巨大反差、反西方意識形態和對全球化的高度依賴所形成的巨大反差，或許可以解釋這一晚期威權主義政權的虛無特質，也可能意味著無限鬥爭的可能。畢竟，二十世紀的歷史已經教給我們足夠豐富的政治教訓。接班人的問題能夠暫時擱置，卻無法逃避；對民眾來說，生命的短暫相比民主的理想更不足道。

安邦的倒掉
和「新統制經濟」的到來

　　因為中國存在多家執法機構，組織結構上疊床架屋，且均有偵查權或相當於偵查權的調查權和人身限制權，一樁涉及高層或者重大利害關係的案件往往歷經漫長調查才得以正式進入起訴階段，外界可能因此忽視了這些案件背後的政治信號。先前公布的安邦吳小暉案便是一例。

　　拋開坊間傳聞不論，在2015年1月底由《南方周末》披露了若干內幕，這不是中國媒體首次解密安邦及吳小暉，在此之前，多家外媒及中國的財新傳媒都有過連續的相關報導。有關安邦在海外的激進收購及其與川普家族的關聯交易，讓安邦以及安邦控制人吳小暉的角色變得撲朔迷離。

　　不過，在吳小暉從公眾視野消失的過去一年裡，另一家作風同樣激進、布局十分廣闊、且實際控制總資產和安邦同在3萬億元人民幣之巨以上的投資航母——海航，也遭遇了吳小暉落馬前幾乎同樣的困境。此間普遍相信，儘管海航控制人百般努力，最終結局恐

怕是又一個吳小暉；而且，隨著「十九大」落幕後習近平的權力鞏固，一波針對安邦、海航等資本怪獸的清理運動正在展開，下一個是否指向「平安」？北京的飯局籠罩在新的不安氣氛下。

其實，從安邦到海航，甚至追溯更早，譬如說從周永康到令計劃的落馬，在政治鬥爭之外，都能看到一個清晰的經濟變化：寡頭經濟被逐個消滅、接管。圍繞權力的集中，「清君側」不僅發生在政治局，以先後建立國安委、監察委和二十多個領導小組的「柔性政變」逐漸架空政治局常委集體領導、分工負責的體制，與這些常委寡頭相聯的寡頭經濟體也被一個個定點清除。

例如，對政治敵手周永康和令計劃的鬥爭，都發生在國際石油和國內煤炭價格最低的時候，習還同時推出強調「金山銀山不如青山」的新能源經濟政策、反霧霾治理和堅持巴黎氣候變化協議的承諾，圍剿周、令所控制的石油、煤炭的利益綜合體和政治力量。負責在山西善後的李小鵬，關閉了大批煤礦、清理了大批與令計劃相關的地方幹部，並且率先與比亞迪合作在山西大舉投資新能源汽車，太原市更是首先將全部出租車汰換為比亞迪電力汽車的城市。李小鵬因此擢升交通部長，並得以留任十九大中委。

而另一位被委任重慶善後的孫政才，本來因「王儲」呼聲對十九大的人事布局最具挑戰性，終因清理「薄周集團遺毒不力」而在十九大前夕拿下。海航遭遇的變故恐怕同樣如此，也因與安邦類似的庇護關係而受到一個精心布局的國際和國內壓力，最終幫助十九大實現了順利的權力更替。這一資本怪獸背後的庇護者因而難以留

任政治局常委，黨內地位降低，只能更加死心塌地地為中央效命，並且與其他數位不在常委序列的近臣組成一個政治局之外如「軍機處」一般的決策團體。其中或有肩負中組部長和中央黨校校長兩個關鍵職位的陳希，而黨校校長之職歷來均由總書記或常委委員兼任，如此授權頗見信任之深；以及今年初在達沃斯論壇上發表演講的劉鶴，後者儼然有著朱鎔基當年以副總理之職統領中國經濟的氣勢。

但重要的，安邦與海航都有相似的成長背景，均是胡溫時代的產物，也就是一個「弱主共治」條件下中共政治局常委體制所代表的寡頭政治和寡頭經濟，他們分別控制或壟斷了能源、電力、交通、媒體和資本領域。只是，與傳統官僚通過對國企的控制而壟斷產業不同，在資本和新興產業市場，新寡頭往往利用權力和資本的關係獲得金融槓桿，或者利用市場管制的權力，實施大規模併購而迅速成長。一些管制官僚往往充當幕後大老和資本控制人之間的代理人，他們通常在習的反腐運動下首先落馬，然後供出這些寡頭經濟的不堪內幕，例如保監會長項俊波，以及互聯網沙皇魯煒。外界注意到魯煒被調職以後，一些互聯網門戶巨頭便發出了「回到計劃經濟」、「隨時獻給黨」的聲音，背後恐懼和關係之深應該不難想像。

如此一來，從安邦到海航，至少可見兩個清晰的政治信號：那些為寡頭經濟提供庇護的「太子黨」和黨內元老們，正被要求放棄插手經濟、割斷尋租聯繫，他們在海外的瘋狂併購和關聯交易可能已經威脅到最高當局「一帶一路」相關的資金優先配置，也給外交

添亂。而警告過後,2018年,這些太子黨和黨內元老們被要求的,或許是無條件地擁戴最高領袖,否則,以他們涉入寡頭經濟之深恐難以身免。

其次,或許也是對未來更有長期效應的,是一個「新經濟」正呼之欲出。這一新經濟政策,綜合此前的「供給側改革」、強調環保的「青山」政策和互聯網行業的大數據發展,在逐一清除寡頭經濟、破解(政治局常委)寡頭政治的基礎上,最大的可能是朝向一個面向總體的統制經濟(controlled economy)。

也就是,首先作為「去槓桿化」的第一波犧牲品,安邦和海航被接管、重組後,很可能會誕生類似淡馬錫的中國主權基金。這些新主權基金將取代國資委之類的官僚控制,在「混合經濟」政策下控制傳統國企,並且以多種資本、政治方式控制民企,以便更好地為一帶一路戰略服務,也符合所謂「做大、做強、做好國企」的最高指示,以經濟統制模式適應即將到來的政治集權結構。

只是,這種統制經濟並非1930年代盛行的意大利、德國、蘇聯和美國實行各異的統制經濟的簡單翻版,這一普遍模式曾經被當時發生的計劃經濟和市場經濟的大辯論所遮蔽,也非鄧小平時代經濟大老陳雲所謂「鳥籠經濟」,而極可能是依賴數字列寧主義的新統制經濟。互聯網行業特別是大型電商、社交門戶網站和大數據的發展,只可能被要求為之服務,且可能創造一個新的統制經濟模式,繼續在市場經濟的條件下為一個權力高度集中、高度融入全球化的政治體服務。

也意味著，安邦之後，或許還會有雷聲滾滾，波及類似的寡頭經濟，無論是資本怪獸還是互聯網巨頭，那將宣告中國「新時代」的「新統制經濟」的到來。而吳小暉和安邦，或許只是新統制經濟到來的第一波犧牲品。

中國新監察委
到底是個什麼機構？

　　中國十三屆人大閉幕，通過修憲和國務院機構改革方案，完成新一屆領導人選舉。在世人關注最多的國家主席任期修改的議題之外，新一屆人大在2018年3月20日閉幕當天表決通過《監察法》，可能算是本屆人大會議最為重要的成果，確立了一個全新的監察體制。

　　但是，這一全新降臨的利維坦，將如何影響中國政治、並塑造中國模式的威權主義，到底是個什麼性質的機構，在國際社會間是否具有可比性，需要仔細甄別。否則，公眾可能在簡單的標籤化之後，難以理解這一新體制將如何作為實現「黨政合一」的重要一環，以鞏固習近平的個人集權和持久連任。

　　首先，從中國監察體制的發展軌跡來看，監察委對監察權的擴張可謂一次大躍進。按《監察法》的規定，監察委擁有監督、調查和留置三類職責，其中僅調查就包括詢問、訊問和談話；收集和調取證據；查詢和凍結各種動產；調取、查封和扣押各類財物、文件

和信息；搜查和勘驗、含技術偵查；以及通緝和限制出境等共15項執法權，加上可自行限制人身自由、進行拘押的留置權，監察委的權力範圍可謂空前之大，包括了中國現有公安和國安等執法機構現在的所有法定權力，且還不受限制和監督，留置被調查人時無需如公安部門申請逮捕須由檢察院批准，且留置範圍不止嫌疑人，還包括涉案人員。可謂細思極恐，因為實際操作中意味著被調查人的名單可能無限擴大，牽連所有知情人和包括親屬在內的相關人等作為要挾。以如此近乎無限警察權或執法權來衡量，監察委的功能並不止是一個執法機關，而近乎一個特務機關，如明朝時代的東廠。

當然，明朝朱棣皇帝於永樂十八年（1420）年間設立的東緝事廠，最初並非特對官員，而是意圖「緝訪謀逆、妖言、大奸惡」，針對社會異動。明朝還另有一套複雜的官員監察體系，分都察院和給事中兩個平行系統，科道之間分別監察和言諫，又互相糾劾、牽制。相比之下，2018年兩會之前中國的監察體制，則相當弱勢，其主體是中共下設的紀律檢查委員會，在1980年代喬石主管下掛上國家監察部的牌子，黨機關直接等同國家行政部門，組織結構上受中央和地方黨機關的雙重領導，地方紀委通常受制於地方黨委而無所作為，調查和強制措施以談話和「雙規」為主，針對黨員和幹部，涉嫌法外執法、肆意侵犯公民人身權利而廣受質疑。在過去五年的反腐運動中，王岐山一手領導了該項運動，且擴大了紀委的實際權力，尤其將紀委組織改造為垂直領導體系，並在2016年中通過了《中國共產黨問責條例》，這一弱勢的監察體系才第一次從理論和

制度上達到了漢朝「刺史六條」的粗糙水平，儘管不限於漢朝刺史只監察兩千石官員即郡守以上官員而不及較低階官員。

而且，歷代中國監察官員，無論怎麼發展，其監察所依為人事權，且限於糾舉、彈劾、考課等，且大多數情形下無固定治所，需要不斷在轄區內巡視，在巡視中實現監察，只有到明、清兩朝，監察固定化後行政權和監察權混雜，如明朝巡撫和總督制的出現，監察官員便演成地方行政第一把手，清朝沿用而進一步發展成地方治理制度。所以，王岐山反腐運動後，外界對紀委可能「以紀領政」的發展不無擔心。

但是，其結果則令人更吃驚，黨的紀委機關被正式改造成一個龐大國家行政機構後，不僅具有了特務機關的性質和權力，還超越了中國兩千年的傳統監察模式，其人事權不限於糾舉、彈劾，而是擴展為直接的處分權，而且處分決定可由地方的平級監察委做出，無需經由古代監察御史向皇帝提出彈劾如此迂迴，也無需若干年前向上級紀委提出自上而下進行處分，監察委超然於平級行政機關的強勢地位由此凸顯。

因此，如果比照明朝，中國新的監察委集合、也超越了都察院加上東廠的職權。即使比照香港廉政公署模式，也有過之而無不及。事實上，新監察委的人員組成和機構調整，也是吸納了檢察院特別是反貪局的人員，並同時撤銷監察部，然後以憲法規定的組織方式平行於檢察院和法院體制，是一個兼具人事權、調查權和無限制留置權的超級強力機關。放眼世界各國的政治體制，也沒有可以

匹敵者。

　　例如，以歐洲典型的監察專員制度做比較，監察制度為議會對行政部門的監督，監察專員則是各國乃至歐盟設立的監察官，向議會負責，響應公民的請願權。這和1978年美國基於《政府道德法》通過的以獨立檢察官為中心的行政監察體系不同，中國國務院內設的審計署也不具備類似的獨立檢察或監察權力。中國監察委在法理上卻存在與歐洲監察制度最根本的區別。因為歐洲國家的監察專員，Ombudsman，一個瑞典語單詞，源自古日耳曼部落的習慣法，原指受冤一方向有過錯一方討還血債，或者是第三方向責任方收受賠償支付給受害方家庭；自19世紀初瑞典最早實行監察專員制度以來，監察都未脫離這一古日耳曼習慣法的原意，包含著對受害者的救濟，只是在現代政治制度下轉為基於受害者向議會的請願權而產生的監督權力，監察專員獨立調查後向議會或公眾公開，通常不具備強制性的約束力，卻有很強的實際監督效果。在歐盟，1995年設立的歐盟監察專員，一開始就是人權專員角色，意在保障歐洲公民權和彌補歐洲治理的民主缺陷，落實後來（2000）年的《歐盟基本權利憲章》和2009年的《里斯本條約》。

　　但對中國的監察委來說，雖然名義上承襲了稍早的《人大監督條例》的議會監察權，卻也繼承了這一監察權的固有缺陷，且這一缺陷和紀委的問責條例或者政府機關信訪制度同樣的缺陷：不面向受害者提供直接救濟，也不響應更不保障公民的請願權利。相反，作為一個反腐敗機構，雖然名義上向人大負責，實質卻向上級監察

機關負責，最終向黨中央和最高元首負責。制度架構上，其平行地位也預先決定了由監察委調查的案件在移交起訴後對法院判決的影響力，可能是決定性的。畢竟法院也在監察委的監察範圍內，這和中國檢察院對法院所具有的法定監督權和因此行使的抗訴權截然不同。

更重要的，是其中雖然監察委主任在黨內級別上仍低於政治局常委兼任的中紀委書記，中紀委只是借用一張法定的國家機構外衣從事大大擴張的監察權力，談論監察委和中紀委孰高孰低並無意義，最終都經由這位中紀委書記向總書記、國家主席報告，三位一體的國家元首也因此如中國古代皇帝一般直接掌握了監察權，從而間接控制了整個官僚機構，可如唐太宗一般，把全國各州刺史的名字記在屏風上，「坐臥恒看」，實現「監察治國」，即「紀委領政」的治理方式。

更何況，監察對象不止黨員、幹部、公務員，也包括了國有企業負責人和集體單位、群眾組織負責人，將社會和經濟的主體囊括在內。如果考慮到國有資本的混合所有模式，即對私人資本參股的廣泛性，那麼隨著國有企業外沿的擴展，監察所針對的資本和企業家其範圍也極其驚人，包括教育、文化、醫療機構在內的社會精英都在監察委恢網之下。如此以往，一個對政治、經濟、和社會生活領域實行專制的絕對權威便得以鞏固。這可能是過去一個多世紀以來中國歷史上從未出現過的一種超級威權主義，並且可能長期持續下去，對中國未來和世界的影響都是深遠的。

中國國家監察委員會

　　中國國家監察委員會是2018年中國第十三屆全國人民代表大會召開後通過成立的專門監察機構，與最高法院和最高檢察院平行，合併了原先的國家監察部（原與中紀委合署辦公）、附屬於檢察院的國家預防腐敗局，與中共中央的紀律檢查委員會合署辦公，也即中共的紀律部門正式升格為一個高級別的國家監察機構。

　　按2018年3月20日第十三屆全國人大一次會議通過的新《監察法》規定，監察委擁有監督、調查和留置三類職責，其中僅調查就包括詢問、訊問和談話；收集和調取證據；查詢和凍結各種動產；調取、查封和扣押各類財物、文件和信息；搜查和勘驗、含技術偵查；以及通緝和限制出境等共15項執法權，加上可自行限制人身自由、進行拘押的留置權，監察委的權力範圍可謂空前之大，包括了中國現有公安和國安等執法機構現在的所有法定權力，且還不受限制和監督，留置被調查人時無需如公安部門申請逮捕須由檢察院批准，且留置範圍不止嫌疑人，還包括涉案人員。

　　傳統紀委機關的監察對象限於黨員（幹部），新的國家監察委的監察對象則不限於黨員，囊括了最廣泛的「公家人」，甚至不止，其留置權力可能用於對付所有境內公民。具言之，按照新《監察法》，監察範圍包括：

(1) 中國共產黨機關、人民代表大會及其常務委員會機關、人民政府、監察委員會、人民法院、人民檢察院、中國人民政治協商會議各級委員會機關、民主黨派機關和工商業聯合會機關的公務員，以及參照《中華人民共和國公務員法》管理的人員；

(2) 法律、法規授權或者受國家機關依法委託管理公共事務的組織中從事公務的人員；

(3) 國有企業管理人員；

(4) 公辦的教育、科研、文化、醫療衛生、體育等單位中從事管理的人員；

(5) 基層群眾性自治組織中從事管理的人員；

(6) 其他依法履行公職的人員。

　　在監察委內部權力劃分上，新監察委從中央到地方，雖然由同級人民代表大會產生並向同級人大負責、述職，與法院和檢察院相類，但內部實行垂直領導，下一級監察機關須向上一級負責並彙報，不接受同級黨委機關的領導，擺脫了1980年代初成立國家監察部以來中紀委所實行的雙重領導制，這種同時接受水平和垂直領導的體制被認為限制了紀委有效實行監察功能。

解讀習金首會：
中朝關係的癥結與出路、
以及能否結成「新軸心」

　　所謂初見時難別亦難，用來形容習近平和金正恩的首次會面，恐怕是再合適不過了。2018年3月，在東北亞和西太平洋局勢空前複雜緊張的時刻，兩位近在咫尺卻從未相見的國家元首在全程嚴格保密的安排下進行非正式會晤，是否就此從多年的冷淡關係中回暖，甚至在雙方「走親戚」和「遺願」等言語中朝向恢復兩國「傳統友誼」、進而結成東北亞「新軸心」、改變西太平洋安全格局，無論如何都極具探究價值。

　　有趣的是，金正恩就任朝鮮領袖後第一次出國訪問，雖然是非正式訪問，中國方面卻給予前所未有、最高級別的安保措施。火車通過鴨綠江友誼大橋時大橋一段，便有臨時搭設的鋼板屏障保護，防止記者從大橋附近的賓館偷窺。從25日夜間到26日傍晚，金正恩專列在中國境內也一路暢通，甚至打亂了中國高鐵的運營計劃。其北京行程，則實行全程雙向道路交通管制，連行經路口的監控攝像

頭也被蒙上塑膠袋，匪夷所思。然而，金正恩短暫不到24小時的逗留卻一點沒有「非正式」，習以隆重的全套國禮待之，金離開後當晚即在央視和其他官方媒體大幅報導兩人的親密會見。

所以，在東北亞政治的轉折時刻，透過金正恩造訪的神秘行程和北京上空籠罩的霧霾，此番倉促進行的非正式會面和中國官方媒體透露的會談內容，向外界提供連一個非常難得的機會，可以藉此全面解讀中朝關係的發展，澄清國際社會的許多猜測，例如中國是否因為朝美峰會而邊緣化、中國是否準備接受朝鮮為有核國家等，以利進一步把握中國的戰略意圖。特別的，這次中朝峰會，先於接下來四月所謂朝鮮南北雙方峰會，更搶在五月朝美峰會前發生，其戲劇性的會面事件本身似乎就被嵌入了中朝關係在朝核危機加劇後的艱難進程，包含著過去五年來的現狀、轉折和未來，頗堪玩味。

回顧背景，金正恩2011年執政、習近平2012年上臺以來，兩人互不見面已經六年，而過去六年也是朝核危機最為惡化的六年，中朝兩國元首卻從未互訪、打電話，不能不說兩國關係極其冷淡，堪比1992年中韓建交之後的歷史低谷。其間，2012年李建國和2017年宋濤作為特使向朝通報中共十八大、十九大情況，以及2013年李源潮和2015年劉雲山訪朝、出席紀念活動。而朝鮮方面，自2011年金正日非正式訪華後，金正恩主政期後只有崔龍海2013、2015和2017年三次訪問北京。這些低頻率的互訪，基本無助於雙方排除如親中的張成澤被處決、金正男被暗殺等插曲性事件的干擾，反而在朝鮮

頻繁的核試和導彈試射中陷入危機。

朝鮮迄今為止進行的六次核試有四次是在此前六年中進行的，也就是在那六年的中朝關係冷淡期間，朝鮮的核武計劃完成了從原子彈到氫彈、從試驗到武裝、從不成熟的中程導彈到洲際導彈的大跨越，第一次具備了威脅美國本土的能力，招致聯合國空前力度的禁運。中國也加入了譴責和禁運行列，2017年中朝關係陷入實質性低谷。

正是這一背景下，從2018年平昌奧運會以來，金正恩政權主動出擊，以金正恩胞妹為代表的柔性外交打開朝韓對話的窗口。一時間，外界被朝鮮眼花繚亂的外交身段所迷惑，除了確定的朝韓元首、朝美元首對話以外，朝日元首對話也在擬議中。此次朝中對話，如事後雙方報導所證實的，也是金正恩首先提出訪華建議然後得到中方邀請、倉促成行的；只是，沿襲金正日2011年非正式訪華模式，以溝通為主，繼續強調兩國傳統友誼和最早由胡耀邦提出的「走親戚」的交往模式，沒有發表公報，沒有記者會，為雙方留下了緩轉空間。

而會面中透露出來的輕鬆氣氛似乎也透露出雙邊關係重新找到了共識基礎，即中國官方報導中所指的堅持朝鮮半島無核化主張和金正恩承認其為兩金的遺願。回到半島無核化，可能才是金正恩能夠成行的主因：並非以受庇護國向宗主國的朝觀，而是金正恩以主動、靈活的外交努力，爭取打破外交孤立。

這應該是認識此番金習會的一個基本出發點，也是判斷中國

在過去六年乃至更長時間對朝政策成敗的關鍵：在基本完成核試計劃、具備足夠籌碼後，金正恩正以積極的雙邊外交各個擊破，不僅實現了朝鮮長久以來孜孜以求的朝美直接對話目標，而且瓦解了中國締造的、以六方會談為中心的多邊外交模式，與中國在南海問題上運用雙邊會談打破地區多邊機制異曲同工，可謂打破樊籠而獲得了主動。當然，這一「樊籠」也功不可沒，事實上掩護了朝鮮的核發展事業，為其爭取了時間，然後被棄之如履。

然而，金正恩低姿態的主動出訪，包括到達北京後第二天參觀中科院成果展，感受中國先進的核物理發展、500米直徑射電望遠鏡模型和VR虛擬視頻技術，固然給予外界如章家敦所說的中國在關鍵時刻發揮終極影響力的錯覺，並無被邊緣化之虞，卻暴露了中國長期對朝政策的認知盲區和制度弊端，若無積極調整，恐難應對今後東北亞全新局勢帶來的挑戰。最應檢討者，在於兩點：

第一，朝鮮核計劃，包括長程地對地導彈計劃（ICBM），能夠利用時斷時續的六方會談機制長期堅持，雖然與實戰部署還有相當距離，但是無可否認的是，過去六年間取得的突破性進展是與中國戰略中心南移後造成的戰略盲區相關，也就是中國對朝長期的戰略模糊（疏忽）事實上縱容了朝鮮的核發展。一方面，從1990年代中期臺海危機以來，中國戰略中心就開始南移，注意力都投放在東海、臺灣海峽和南中國海。在過去二十年間，圍繞東海油氣田開發、釣魚島歸屬、南海島礁以及臺灣政權更迭和獨立傾向等問題，中國與日本、包括菲律賓在內的南海諸國以及臺灣都先後發生緊張

對峙。而最近六年，隨著中國主動提出和推進「一帶一路」戰略並加速南海島礁的戰場建設，國際社會開始擔心整個西太平洋面臨著「芬蘭化」的危險，才有TPP等反制措施的提出，直至剛剛爆發的美中貿易戰。

另一方面，卻是胡溫政府的遺產讓金正恩的雙軌戰略成為可能。胡錦濤2005年訪朝受到盛大歡迎，回國後即對內將朝鮮樹立為意識形態榜樣，填補中共意識形態合法性的空缺。習近平2008年以國家副主席身份首次出訪便到朝鮮，就是基於此種意識形態需要。2009年溫家寶訪朝後簽署了總金額約數十億元人民幣的一攬子經濟援助和經濟合作項目，寄望於既維持朝鮮政權，又幫助朝鮮大膽進行市場化改革，雖然並未完全實施，連新鴨綠江大橋建成後也因朝鮮方面沒有配套道路而無法使用，卻在金正日身後留下了寶貴的遺產。例如，今天鴨綠江南岸的較新建築，幾乎都是此後朝鮮利用從溫家寶項目中獲得的資金和建築材料建設的；朝鮮向中國派出了企業管理者學習市場經濟，　如中國向哈佛和新加坡派出幹部學習。金正恩上臺後方可能修正乃父的先軍戰略，採取核武器和市場化並重的「雙軌」（朝鮮稱「並軌」）戰略，從而在鞏固自身權力的同時可能保持社會和經濟穩定，並且贏得朝鮮精英階級的支持。

筆者在朝鮮的實地觀察也證實，朝鮮經濟的市場化程度頗高，已經培養出一個世俗化的新興中產階級（金主階級），儼如布魯金斯學者海西格和歐（Ralph Hassig and Kongdan Oh）筆下的「隱士王國」。其背後，則是一個龐大的灰色經濟體系，按首爾國立大學金

炳緣（Byung-Yeon Kim）教授等人的測算，約占GDP的70%，幾乎完全取代了傳統的公共分配體系，占據朝鮮國民收入的大半。按2015年貿易經濟網的GDP數據，朝鮮當年GDP約160億美元，而當年對華貿易額為54億美元，與中國外貿比例也占朝鮮外貿總額的將近70%，可知朝鮮經濟的外貿依存度接近50%。而70%則是朝鮮經濟的一個謎之大數，例如金日成時代因為電力設施粗製濫造造成的電力損耗高達總發電量的70%，而今天70%卻可以代表朝鮮經濟的市場化程度：如朝鮮占土地3%的自留地提供了將近70%的農產品，70%多的朝鮮勞動力在為市場經濟工作。

過去六年，雖然因為朝鮮內部權力更迭，朝鮮這些經營外貿和勞務出口的公司也經歷了掛靠部門的更迭，但是，就在習近平的戰略盲區裡，在他對朝的模糊戰略下，朝鮮公司和朝鮮人民以近乎全民拜金主義的姿態投入以中國為中介的全球化之中。在丹東的朝鮮街小店裡，店老闆每天處理來自義烏的訂單，然後轉交給朝鮮商人並負責發運；開發區裡則有數萬朝鮮工人和碼農勤勤懇懇地在工廠生產服裝和軟件，他們的最終客戶來自世界各地。只有2017年3月開始實施的嚴格禁運才基本中斷了來自朝鮮的煤炭貿易和勞務出口，但是丹東口岸的穿梭貨車並未有明顯減少。雖然面臨著來自國際社會的巨大壓力，但是來自中國的模糊戰略卻讓朝鮮官僚和國民逐漸適應了市場化轉型，不僅養活了國民，也支持了核計劃，並讓金正恩為核試、也為未來正式推動全面市場化改革贏得了寶貴的時間。

第二，相比之下，從中國對朝關係的立場和設置上，中朝關係仍然囿於傳統的黨際關係，而非正常的國家與國家間關係。就傳統而言，中共始終將朝鮮視作國際共運的兄弟政黨，並不作黨和國家的區分。無論是東北抗聯時期，還是1946年後的內戰以及1949年後的蘇中朝三邊關係中，無論涉及邊界劃分或東北歸屬問題，還是朝鮮族軍人和僑民往返問題，或者中朝間重大外交事項，雙邊關係始終以兩黨間的特殊關係為主導，而非民族主義，超越了兩個國家間的正常關係。中國內部處理對朝關係的主管部門也一直屬中共統戰部，而非外交部，儘管統戰部長常常兼職外交部副部長。這種特殊關係，即便與中國對越南等國關係相比，也是絕無僅有的。事實上，在此次習金會的幾乎所有場合，均有負責黨際外交的政治局常委王滬寧在場，並在北京站率隊送別金正恩一行；會面時的中方代表團成員也以黨內職務優先。在對朝態度上，習近平牢牢承襲了黨際關係原則，並無絲毫變更意思，這和他最近半年即十九大以來強化黨對國家的領導路線是一致的。

　　然而，朝鮮方面的態度卻與此迥異，在雙邊關係上表現出強烈的民族主義。例如，1950年朝鮮戰爭爆發後，朝鮮在對待中國籍朝鮮族軍人黨籍和軍籍變更的問題上就始終抱著強烈的民族國家色彩，對原中國籍朝鮮族軍人強調民族認同和國籍差異，而非兄弟政黨關係，嚴格限制他們回到中國。在領土和邊界問題上，在爭取國際援助問題上，同樣善於利用中共的黨際立場和朝鮮的民族國家立場的微妙差異撈取最大利益，特別善於利用中蘇政黨間的意識形態

爭論變現為他們對朝鮮的國家援助。而鄧小平主政後停止輸出革命、淡化意識形態、淡化黨際關係後,中朝關係也就陷入持久的冷淡;朝鮮勞動黨則在1980年「六大」結束後長達36年裡未召開黨的代表大會,馬克思主義也被清除,朝鮮演變成一人統治的國家,最終在冷戰後陷入大饑荒。從這個意義上說,中朝關係從始至終就不正常,不是兩個正常民族國家間的關係。

這或許可以能解釋朝鮮勞動黨和金氏政權的執政理念,即主體思想對朝鮮黨國體制的改造。自1956年赫魯雪夫秘密報告後,金日成發動批判延安派和蘇聯派的運動,努力去除在朝鮮根深蒂固的「事大主義」,「主體」開始浮現;且自1972年憲法起,金日成形成體系化的「主體思想」,力圖在中國文革背景下和錯綜複雜的中、蘇、美關係中保持獨立自主,並代替馬克思主義;在林彪九一三事件後1973年9月4日的一次秘密會議上,金日成的兒子金正日被選為中央委員會委員,並負責宣傳部門,主體思想進化為金氏政權的血親繼承,而這僅僅發生在王洪文被確認為毛的新接班人之後的第五天。也能解釋,已經兩次自動續約的《中朝友好條約》並無實際約束力,無法為朝鮮提供切實保障,遑論提供中國的核保護傘。當然,這是朝鮮從金日成時代開始,從其主體思想出發,金家三代執意發展核武器的根本原因所在。

可悲的,這一戰略模糊,因為在剛剛結束的中國人大會議上通過的憲法修正案,讓習近平獲得近乎終身總統的獨裁地位,不僅凌駕在黨的政治局之上,而且通過黨的領導凌駕在國家機器之上,

進一步混淆了黨與國家的界限，也可能更無視對朝政策其傳統中的黨－國模糊，而繼續在黨際認同和國家利益之間搖擺、糾結。此番習金會對話也僅僅單方面擺脫了更為原教旨的「血肉聯繫」而已，而非黨際關係。未來圍繞半島無核化，如果繼續從中朝傳統「友誼」出發，便意味著黨際信任仍然壓過國家利益的計算，舊的戰略模糊將替換為新的戰略模糊，存在於朝鮮的事實有核與勞動黨的無核化承諾和中共的事實縱容（有核）和中國對外的無核化主張之間的模糊空間。

在此基礎上，如果外界將未來中朝關係視為一種超越正常國家關係之上的「新軸心」，一點兒也不奇怪，那毋寧是傳統中朝政黨關係的延續，也是對習近平、金正恩雙雙擁有終身總統地位的自然聯想。而事實可能正好相反，朝鮮與美國直接對話的渴望是那麼強烈，幾乎就可看作朝鮮或者金正恩是多麼想早日擺脫這種不正常的國家關係，雖然遲至冷戰後三十餘年才尋得機會。

甚而，如果回顧歷史，也一點兒不陌生。1882年壬午兵變後，（相當於今天之朝核危機），朝鮮國王高宗1887年派遣朴定陽為首任駐美公使，然後在與清國是屬國還是「全自主體」的問題上引發與清國外交糾紛，最終演變為中日間的甲午戰爭。

如此結局當然是中國今天的領導人不願看到的，也遠遠沒有做好準備，包括準備接受朝鮮是一個有核國家作為對第三方的牽制——這是對戰後雅爾達體制和聯合國安理會體制（核俱樂部）的根本顛覆。而北京當下氣氛，正在川普的貿易戰威脅下一片哀鴻，全

無應戰之心，更無人敢於在可以想見的將來挑戰比世貿組織、比新自由主義全球化更為基礎的國際秩序。這也從根本上否定了中朝在「有核國家」基礎上結成「新軸心」的可能性。習金會後第一時間，中國迅速向美韓通報了峰會情況。

對朝鮮來說，一方面固然努力擺脫中國這個千年宗主國的影響，尋求世界舞臺的新主體性；另一方面，如果朝鮮順利渡過核危機、找到解決方案，那麼也將成功地從「核訛詐」戰略中收割經濟紅利。畢竟，朝鮮未來是否真正棄核、商談確定棄核時間表本身就存在巨大的不確定，金正恩可能機會主義地利用這一不確定性將他的「核訛詐紅利」變現，運用雙邊策略從美、韓、日、中各方撈取最大化的利益補償，類似1980年代中國在「不爭論」的實用主義路線下推行改革開放而取得的「冷戰紅利」。

但是，長遠而論，中、朝的戰略模糊和機會主義，卻可能持久牽制朝美關係的正常化，妨礙朝鮮真正撇開中國、擁抱全球化和國際秩序。對中國何嘗不如此？無論軸心是舊是新，存在與否，對中朝間的特殊黨際關係的堅持，都將妨礙中國放棄朝鮮這一戰略包袱、或者切斷與朝鮮的意識形態的「血肉關係」乃至「供養關係」，從根本上阻礙著兩國關係的正常化，也阻礙著中朝兩國作為一個共同體與國際社會關係的正常化。

或許，唯一的解決方案，也是根本切斷中朝間「血肉聯繫」、幫助中國消除戰略模糊、實現中朝關係徹底正常化的方向，就是朝鮮半島的統一。譬如，在中國實現自身民族復興的同時，幫助朝鮮

半島南北方的人民實現民族統一與和解。這才是所謂「人類命運共同體」最現實的意義吧。

一場刻奇的峰會：
新加坡川金會觀察

　　2018年6月12日新加坡聖淘沙飯店，當地時間早晨9點，當金正恩和川普第一次握手，然後說，「通往這場高峰會的路程不容易，拖住我們後腿的歷史有時混淆我們的視聽，但我們還是排除萬難到這裡來了」。

　　此刻，新加坡的酷熱、金正恩後腦的汗滴和五千餘名國際記者，迎來了金正恩的這句開場白，也可能是一整天峰會裡給人印象最深的一句話。然後，金正恩和川普進行了長達41分鐘的私人會談，雙方最終在午時達成聯合聲明，確認了半島完全去核化目標和427《板門店宣言》，川普用「感覺很棒、非常非常好的關係」來形容他和金正恩的會談，也形容未來的去核化進程將「非常非常快」。半島的和平似乎就此開始。

　　不過，大多數媒體在報導這句話時通常略去了中間的插入語──「拖住我們後腿的歷史有時混淆我們的視聽」，也就很難讓國際公眾更加準確地理解金正恩的定調和態度，包括揣測他和川普在

接下來的私人會談中到底做了什麼交易才讓川普在下午的記者會上洋洋得意。而按照金正恩和朝鮮政治家一貫的「事大主義」政治傳統，這句話必然是精心準備的，重要性不亞於峰會後簽署的聯合聲明文本。

所謂「事大主義」，語出《孟子‧梁惠王下》，「惟智者為能以小事大」。在長達千年作為屬邦與宗主國中國的歷史中，遵奉儒家教條的朝鮮政治家和知識分子都以孟子的這一「以小事大」的態度和精神來對待中國，奉中國為大、為正統，把中國政府的法令和承認作為朝鮮政權的合法性來源，甚至明朝滅亡後很長時間裡都繼續以明崇禎年號為紀年。另一方面，朝鮮長期處在中國卵翼下，唯中國為大，而對一切細微小事均過分重視，生怕影響大局，往往極重排場，在儀式和塑像上不惜物力，行止也頗多逢迎，流於媚俗和自媚。久而久之，反倒生成一切睚眥必報的心理和行為定勢，很容易因為一言不合就引發激烈衝撞。

這既能解釋峰會的一波三折，美國副總統彭斯關於利比亞模式的講話立即引發朝鮮副外相崔善姬和朝鮮媒體的激烈指責，導致美國一度取消峰會，也能解釋朝鮮國民在極權主義統治下小心翼翼，如旅遊者所見，大量人民把時間和精力耗費在近乎無用的道路美化之類細微瑣碎工作上，也非常刻意、矯情地對待一切峰會有關細節，無論是板門店初次峰會時手拉文在寅跨過38線，還是自備冷麵機械，或者新加坡峰會前夕向中國請求專機協助、自帶馬桶、公園

觀光、及至與川普見面時，腳踩7.5厘米內增高皮鞋，寒暄對話時故作逢迎，頗顯刻奇（kitsch）──米蘭・昆德拉曾經用刻奇也就是媚俗來形容後極權主義社會的文化墮落。

　　若從事大主義視角來看，這並不奇怪，有趣的是「拖住我們後腿的歷史有時混淆我們的視聽」這句話裡隱含的刻（媚）奇（俗）和深意。在字面上，我們可以理解為川金見面終結了過去七十餘年的朝美對峙狀態，實現了朝鮮多年的夙願即朝美直接對話，這本來也是朝鮮核計劃的初衷之一；也意味著朝鮮有意在未來突破朝鮮與國際社會在意識形態、地緣政治、社會經濟制度等各方面的自我封鎖，走向開放，為長久穩定的和平機制做出改變。但是，這一自我否定似乎來得幅度太大，連花費無數的核武器和戰略導彈（ICBM）也願意立即拋棄，也否定了金正恩的父親和爺爺上兩輩的事業，充分暴露朝鮮事大主義的自媚，而且暗含對中國角色的否定。畢竟，任何人都很難從朝鮮的歷史特別是最近數十年與中國的糾結中輕易剔除中國因素；任何人也很難否認，中國曾經的支持和冷淡、中國的地緣政策和「修正主義路線」，此時此刻大有「混淆視聽、拖住後腿」的意味。這幾乎就是事大主義的必然邏輯──刻奇化，從事中轉向事美，在急速靠近美國的同時，拉開與中國的距離。這大概才是川金二人密室會談後笑逐顏開、儼然形成交易的真正原因吧，而不止關乎去核化安排。

　　也許有人會以為，事大主義傳統已經過於遠久，應該不至於影響最新的朝美峰會。但是，朝鮮的政治體制過於封閉，其外交哲學

的核心在過去百多年裡從未發生真正的變化。歷史地看，1895甲午戰爭的根源之一便是朝鮮圍繞「屬國自主」與中國發生的爭執，而不僅在於日本的介入。從朝日《江華條約》後，清朝政府開始確立屬國自主原則，朝鮮內部政治力量發生分裂，雖然1882壬午兵變被清廷巧妙鎮壓，但是兵變後朝鮮開展的「自主外交」，例如1887年朝鮮向美派出的第一任公使朴定陽，便在自主問題上與李鴻章外交發生微妙衝突，也暴露中朝的宗屬關係難以兼容國際法和國際外交秩序，其宗主權並不被廣泛承認，特別讓駐節朝鮮的袁世凱進退兩難，以至於當1894年朝鮮發生「東學黨之亂」後，1880年代朝鮮半島微妙的力量均衡被破壞了，按舊例請求清朝援軍的做法遭致兩個大國中日之間的對峙，甲午戰爭遂一發不可收拾。

此為前車，亦是中國對朝政策諸般小心所在，朝鮮在1950年代停戰後，金日成也曾發起反事大主義運動，倡導自主，最後形成朝鮮的「主體」意識形態。在文革爆發前的1963年，朝鮮官方曾經發表了一篇文章〈他們保衛了社會主義陣營〉。這篇文章據說由金日成親自修改，算是朝鮮對當時中蘇爭論的一個正式表態，站到了中國一邊，為中國的立場辯護。這篇文章譴責了「一些人，罔顧身為共產主義者，與帝國主義者對中國共產黨和中華人民共和國的詆毀一道，瘋狂攻擊。這是可恥的，也是非常危險的事情。」此前的1962年，因為中朝關係過於接近，蘇聯同樣撤走了不少技術專家。更早的1950年代，還發生過朝鮮駐莫斯科大使的叛逃事件，引發了朝蘇關係的緊張。

不過，文革的爆發很快就改變了朝鮮的態度，金日成對後來的勃列日列夫私下說過，中國的文革簡直就是「一群白痴」。1966年10月的朝鮮勞動黨大會，標誌著朝鮮對華態度的根本變化，中國被批評為「修正主義者」。而當時的紅衛兵們，也直接將矛頭指向金日成，稱其為「封建領主」，中朝關係開始陷入1950年之後的最低點，朝蘇關係迅速好轉。1964年派往金日成大學學習的中國留學生也被叫回國，交換停止。大概是出於同樣的擔心，擔心中國和其他共產國家的國內局勢可能的影響，朝鮮也同時撤回了大批在中國和蘇聯等國的交換生，其中包含一位叫張成澤的金日成大學學生。這種以小事大、在三國間玩弄平衡的外交權術，幫助朝鮮取得了1970年代的繁榮，儼然有著與古巴相似的中蘇之外另一個社會主義世界領導小國的地位。平壤各街區也屬1970年代期間建設的千里馬大街最為結實，頗有氣象，超過此後任何的新街區。

　　因此，在中美關係進入關係微妙階段的今天，朝美峰會的實現更多地具有擺脫中國、重建三國關係的戰略考量。當然，從地緣政治和經濟政策角度，朝鮮都難以真正擺脫中國，難以徹底投入美國懷抱，對她而言，在中美朝之間繼續1960年代的平衡策略似乎是唯一選擇，也可能是長期的現實政治。在朝鮮自身利益最大化的層面，利用美國可解除禁運，加入國際社會，消除戰爭危險；而中國則可能幫助朝鮮免於政權顛覆，幫助內部改革，促進經濟發展，維持與韓國的平等關係。

　　當然，實現這一切，意味著朝美韓都能把美朝聯合聲明的模糊

承諾化諸具體行動，包括在今年後半年繼續與美、俄、日的若干峰會之後，在四方框架內簽訂和平協定，然後與美建交，並切實銷毀核武器。只是，無論結果如何，從本次峰會川金兩人見面一刹那開始，都已經算是朝鮮金氏政權「主體理論」的又一次勝利，也是朝鮮事大主義傳統應對二十一世紀複雜政治的一次創造性轉化。

而其轉化中介，竟然是金正恩在國際舞臺所展示的，也是這個新媒體政治、民粹政治時代在川普身上同樣具備的表演性，也就是刻奇。一位後極權主義時代的政客與一位新民粹主義的推特總統奇妙地相遇了。那麼，此次新加坡川金峰會或許可以更準確地稱之為一次刻奇峰會，堪稱二十一世紀新媒體政治的奇葩。

附錄
中美貿易戰的次生危機

　　十年前，我剛從歐洲回京，和央行的朋友談到歐洲政商界懷疑中國的市場經濟地位。這位朋友很驚訝、不解，畢竟中國的市場環境和法制每天都在進步，歐洲政客未免小題大做，這個地位認定對中國政府也無約束力。

　　那一年，正是中國舉辦奧運會的年份。北京街頭一片光鮮，連所有老舊居民樓都粉刷了一遍，普通人們的心氣被奧運光環煽動著，比較幾個月前北京上映電影《厲害了我的國》更多一些真實的自信。不過，奧運會開幕式進行中，2008年8月8日，也是歐洲的早晨，俄羅斯的坦克隊列正擁擠在通往南奧塞第的隧道裡，高加索戰爭爆發了。

　　前一夜，我在維也納歌劇院觀看了彭麗媛主演的歌劇《花木蘭》，after-show-party就在歌劇院的陽臺上舉行，除了圍住彭的記者，來自德、奧、瑞士的名流們都在悄悄議論一個主題，彭是誰？彭是未來中國總統的夫人。收到戰事消息的那一刻，我正在從維也

納返回慕尼黑的途中，剛出隧道。半小時後收到的第二則消息卻是從柏林傳來的，國開行對德國商業銀行的收購要無限期擱置了，因為高加索的戰爭意味著新冷戰的爆發，柏林的政客和銀行家們在第一時間就明白了那對歐中關係意味著什麼。彼時，普京正坐在鳥巢館的貴賓席上，在悶熱的天氣裡談笑，似乎遠在南奧塞第的戰事本來就屬於眼前開幕式的一個分會場。這對奧運會無戰事的傳統真是一個諷刺。

在接下來的一年，我在北京做了幾次關於新冷戰的演講，但知識分子和公眾多是將信將疑，直到今年初，世界範圍內，新冷戰對媒體、政客和商人們來說還一個頗有爭議的概念。不能不說，習近平在2017年1月達沃斯論壇上關於全球化的講話非常有效，高舉全球化的旗幟，既掩護了全球性以「一帶一路」名義的擴張，也遲滯了國際社會對新冷戰的認識。

不過，到底什麼是新冷戰，「一帶一路」的真實戰略意圖究竟是什麼？僅僅憑有限的理論推測似乎說服力不足。北美朝野之間、各智庫和研究機構以及軍方和情報部門爭論了幾年，觀察了幾年，才終於在川普上任的頭一年裡，就中國戰略和美中關係取得了某種共識。而我對外交官們和媒體的解釋，則偏重從中國特色的佛教資本主義模式入手，指中共政權有限的合法性來源在過去十數年來自融入全球化的收益，未來則建立在對全球化的供養基礎上——背後邏輯既有歷史的，源自滿清政權對西藏（藏傳佛教）的供養模式，也有涂爾幹（又譯：杜克海姆）時代法國人類學家毛斯對太平洋島

嶼禮物關係的歸納，如部落領袖的「毀滅性宴會」一般，以散盡家財的方式維持聲望。這是過去六年來，明確提出拒絕現代政治文明和普世主義價值的習近平政府的倫理轉向，以佛教倫理支撐其國內和全球的資本主義。

最近一例，便是海航事件。除了全球範圍激進的資本擴張，還有兩個有趣的觀察點：一是兩個合夥人陳峰和王健都是虔誠佛教徒，整個公司文化充滿著佛家氣氛，商業和修行平行不悖，連海口的海航總部大廈也像極了佛教座像，然後在貿易戰風雨欲來的氣氛中雖然搖搖欲墜卻獲得了中央的堅決支持。嚴格地說，這或許可歸到威權主義國家也是後共國家常見的庇護－代理的政治關係中，也符合大多數中國的官商依賴認知，但是海航經營模式的微妙之處，也是外界的狐疑所在，卻是她更接近藏傳佛教下重要活佛所擁有的貿易公司：她的所有權和治理結構不同於傳統國企，也非明確私企或代持，日常運行中能夠和海南省「互為代表」而能獲得優厚金融支持，且其海外擴張作業和企業官僚化管理中無不自命「國之重器」，以踐行國家戰略代理人自居，顯露海航發展模式迥異於中國國企的股份制改造和民企的演化道路，並因企業創始人和企業文化引入佛教信仰而加強、改造了典型中國國企的官僚文化或黨建色彩，且超越所有權結構和治理結構的控制問題，而獨具某種效忠性企業特徵，介於朝鮮的特權性貿易公司和歷史上英國的特許公司如東印度公司之間。

即便如此，王健仍不免於今年（2018）7月3日蹊蹺身亡，這一

時間點引發外界許多猜測，包括對王死亡方式的猜測。其背景卻是中美貿易戰下，美國媒體早前對海航資本結構和擴張模式的調查正引發美國政界對其與中興'公司相似的懷疑，海航面臨重組而不斷拋售海外資產，而王健作為海航雙頭治理之一似乎正遭遇海航的效忠和國家戰略之間的衝突而面臨被取捨。事情的發展似乎已經超出了性質比較單純的中興模式，中興代表高科技國企，與伊朗的生意也非純粹商業利益使然，自然需要「不惜一切代價」保送過關。隨著美國關稅清單的擴大，中美貿易戰也在貿易談判破裂後演變為正式宣戰，而隨之而來的，就是過去一個月以來北京的政局動蕩。在各種無法證實卻又有迹可循的政治傳言中，中南海的政治精英們似乎正面臨分裂和衝突，作為冰山一角的央行和財政部罕見的公開互懟也許只是專業官僚們應對貿易戰的不同考量，而海航王健的死亡卻可能貿易戰加諸中國後引發內部緊張然後引爆政商關係崩裂的一個序幕。

在這個意義上，貿易戰的次生危機正在徐徐展開，首當其衝者不是消費者或中產階級，他們或被早先中國的宣傳所恐嚇，例如進口美國汽車、豬肉云云要漲價，反倒在中美貿易代表圍繞減稅、增稅的反復中看到了一些被掩蓋許久的真相，那便是進口藥物的高壁壘，要比汽車、豬肉更高替代進口品更為直接影響健康和生活質量，然後經由7月間電影《我不是藥神》以上映短短18天即獲29億高票房的方式迅速完成了社會動員，將公眾對貿易戰的態度導向中產階級焦慮所指向的公共醫療問題，使得在媒體沉寂許久的李克

強總理有機會就進口藥品降價問題發表講話，國務院新聞App竟然在7月23日凌晨發布消息，情勢彷彿2015年2月獨立紀錄片《穹頂之下》在新媒體播出爆紅的緊張，幫助完成了習近平環保政策的動員。

然後，在中興和海航事件後，貿易戰的衝擊效應繼續沿著政商路線擴散，當政客失勢後，他們所庇護的暴利企業便曝光於天下，長生疫苗造假問題終於引發公眾憤怒，也給了李克強總理在2016年3月批示嚴查後又一次機會，撂下重話要求一查到底。而這個寶貴的時間窗口發生在習近平身在非洲訪問期間，事態的嚴重竟然也迫使習近平在萬里之外做出指示，局勢的發展幾乎完美再現了1980年代日美貿易戰所引發的次生危機。

這就是1988年的利庫路特事件（リクルート事件）。隨著日美貿易戰開打，1987年初日本產經新聞評論說，「短短幾個月日元從1美元兌245日元升值到200日元所造成的損失，相當於日本在中途島戰役中損失了四艘航母。如果繼續升值到美國所期望的100日元目標，那就代表日本的全盤失敗和麥帥再次進入東京……我們不能兩次輸掉太平洋戰爭。」與過去幾個月中國宣傳部門的腔調幾乎如出一轍，日本媒體最初的反應也是將貿易戰視為真正的戰爭，而號召民眾「不惜一切代價」、「以牙還牙」地對抗。但是，貿易戰帶來的政治緊張卻引爆了日本政壇地震。美國要求日本市場開放最先觸動的並不是農民或消費者，而是日本的派閥政治和金權政治，正是這一政商勾結的派閥體系妨礙國民享受開放市場的低價格和自由

競爭，並且形成日本牢固的「結構性腐敗」。

貿易戰之前的1970年代，田中首相就因為洛克希德醜聞而下臺、入獄。洛克希德公司當時以飛機價格20-25%的成本賄賂日本政客，堪比長生疫苗銷售員人均每年2500萬「銷售費用」，還有報道稱長生疫苗單支出廠價格100餘元而開票價卻超過200。而貿易戰造成的政治壓力卻曝光了利庫路特醜聞，一家東京的人事資源和媒體公司（Recruit）充當政客和企業的掮客，向自民黨和高幹輸送巨額資金，不僅每次關說費用都以2到3億日元計，而且在選舉中，仍然實際操盤的田中通過利庫路特公司向支持他的134個支部負責人每人發放高達1億日元（合80萬美元）的補貼，而日本法律當時規定選舉費用上限為1.2萬美元。利庫路特醜聞也因此成為日本戰後最大的政治醜聞，開始動搖和改變日本腐敗的金權政治。也正是在這個意義上，利庫路特醜聞和自民黨危機相當於貿易戰的次生危機，也開啟了日本政治的重組。

而與日本類似的結構性腐敗雖然早已在三鹿奶粉、山西疫苗案中初現端倪，卻難以撼動。在三鹿奶粉案中失職的時任食藥監局食品安全協調司長孫咸澤卻在過去幾年擔任食藥監局的藥品安全總監，連李克強2016年3月對長生問題疫苗的問責也毫無進展，在他背後或許同樣屬於一個平行於海航、能源、金融等等的利益集團，超出總理調查的權限。在習近平反腐行動前，這樣的利益集團體系還相對容易辨認，它們或者屬於傳統權貴家族，這些紅色家族也是中共的元老院或者選舉人團，集體決定每一代領導人的人選和各部

門的代理人人選，後者在政治局常委的高度分管不同部門，這些部門作為中介彙聚了條塊結合的官僚派系和利益集團。但是過去六年的反腐運動和習近平逐漸凌駕於政治局之上的集權如同柔性政變一般改變了常委制的利益集團模式，也讓官商間的金權政治變得撲朔迷離、混亂不堪、直至失控。疫苗造假由來已久，卻繼續暢行無阻，疫苗公司以高額費用打點醫院和防疫機關，食藥監局的檢驗流於紙面，所有人都假裝在盡職，無人關心各種不正常的案例報告背後的公共衛生問題，更無人關心如何監管用於國家強制免疫的藥品供應機制，也無人關心為廣大民眾每日間詬病的公共醫療體制如何改善。這些重大民生問題，在「定於一尊」的環境下，不僅難以進入「深化改革」的議程，也扭曲著中國的市場經濟，扭曲競爭和監管，其代價便是國民的普遍福利損失。造假疫苗對兒童所造成的傷害，簡直就是過去數年頻繁發生為報復社會而屠殺兒童慘案的無限放大版，而其真凶卻是中國的結構性腐敗，一個上行的金權體制，而非長生藥廠一家，或者食藥監局某個具體官員。而過去每一次此類社會公共事件的發生，卻都不以醜聞的方式牽連更高官員，只限於企業和較低級別官員，如同《我不是藥神》電影也只能指向資本本身，或者三聚氰胺奶粉案的處理結果，總是「一查到底」。

那麼，有趣的是，貿易戰背景下，疫苗造假已經激起公憤，民意滔滔。民眾在追問食藥監局何以禁絕進口疫苗，民眾訴求指向從疫苗到抗癌藥物的市場開放，貿易戰的次生危機正在形成中。只

是，中國政壇是否會重演利庫路特醜聞後的日本政壇地震，然後重啟政治經濟社會系統，誰也不敢樂觀。畢竟，疫苗造假，或者任何類似利益集團政治下產生的任何插曲性公共事件所可能帶來的政權危機，原本就是「一帶一路」的戰略出發點，為預備中的強力解決方案，也就是常態化的「處突」與「維穩」體制，爭取最大範圍的國際支持，並且強化國際範圍內這一威權主義統治模式的紐帶。它與民主世界的共存與媾和，或許正是習近平過去兩年反復倡導的「人類命運共同體」的真實意義，而若換一個角度，便是兩者競爭和衝突的新冷戰，譬如貿易戰。

在這意義上，有意思的是，過去幾個月貿易戰進程中，中國公眾似乎已經逐漸表明了他們的立場，無論是以「川粉」的方式，還是以《我不是藥神》的影迷、或者對疫苗造假的憤怒，都和美國要求中國加速結構改革、促進公平和自由貿易的結構主義者形成了一條共同紐帶。這是小布什政府任內在反恐議題和歐巴馬政府任內在氣候變化議題上與中國保持幾乎唯一共同紐帶之後面臨中美紐帶空缺背景下最為可喜的變化，也是中美關係的新基礎，而非習近平與川普之間虛偽的「好朋友」關係。在日美貿易戰期間，日本民眾的親美情緒並未因右翼政客的煽動而動搖，從而難得地保證了日美安全合作的繼續，不至於在冷戰未結束之前反目成仇，也沒有重演1960年代高漲的反安保運動。而在新冷戰背景下，中國公眾的態度正在發生微妙的顯露，開始悄悄地影響貿易戰的進程，以次生危機的方式催生中南海的緊張和分裂，從而對中國政治的長遠未來發生

深刻的影響。那或許是無論美國總統川普還是造假疫苗的官商利益
集團都始料未及的。

---

* 編案：中興（中興通訊公司）是中國的大型電信設備製造商，因未依與美方協定
  懲處多名涉及違反美國出口禁令的中興員工，被美方視為違反和解協議。美國商
  務部於2018年4月16日宣布7年內禁止美國企業向中興銷售零件，估計中興因此損
  失至少200億人民幣；同年7月13日，中興繳交14億美元罰款及保證金後，美國商
  務部才正式解除對該公司的出口禁令。

代跋
什麼限制了中國政治研究者的想像力？

　　2018年的春節，對中國的政治學者來說，或許代表著一場噩夢。節後幾天，十九屆三中全會召開前夕，新華社公布了中共中央的一份修憲提案全文，對憲法第79條關於國家主席連任規定的修改，如一記悶棍打量了他們，也震驚了世界。

　　面對一個新獨裁者的突然到來，中國的政治學者們陷入了集體失語，並非因為他們事前接到的各種採訪禁令，而是因為最高執政者的所作所為大大超出了他們的預料。在急劇變化的政治現實面前，他們今天的失語和驚詫，不亞於1991年「819」事件後蘇聯解體對他們的衝擊，或者當年初美軍「沙漠風暴」行動對解放軍的震撼。

　　可見，這種尷尬，不是第一次。但是，在經歷了1952年院系調整後學科被撤銷、到1980年以中國政治學會成立為標誌的重建、和冷戰結束後的第二次學科建設、特別是過去五年的智庫大發展以後，內地政治學界卻再一次暴露了本土研究的軟肋：對本國最高執

政者長久以來的獨裁野心和政體變更幾乎沒有任何預判。如果比照一個成熟民主國家的政治學者更應當倍覺慚愧——政治學者，總體上不僅是平素發表深度時政評論、在各級選戰時則為媒體和公眾做選情分析的專家，也是韓國、臺灣等轉型國家和地區政黨更迭時的內閣成員候選人。

例如淡大、臺大政治系的教授們輪番出將入相，羨煞了大陸政治學者。然而，儘管他們私下多懷「國師」夢想，以出入中南海為政治局集體學習授課為榮耀，學校則以他們的內部報告獲得常委級批示為莫大光榮，但在這次習近平主導修憲的問題上，卻暴露了他們公共角色的雙重鴻溝：智囊層面與最高決策層相距甚遠，智識層面則缺乏足夠專業水平和獨立性，並不情願也無法勝任為公眾進行分析和預測的服務，猶如他們的楷模王滬寧入仕之後再不與學界往來。然後，徒剩意識形態的事後詮釋角色，陷入每年一度國家哲學、社會科學課題如二桃殺三士一般引誘知識分子競爭經費的陷阱無法自拔，徹底喪失社會科學特別是政治學特有的公共性。

以至於，當獨裁體制一夜間顯現，且在專門挑選的新一屆人大代表會議上將無懸念地通過，大陸的政治學者，保有基本學養的，這些日子以來，幾乎個個心如死灰。他們知曉，過去一、二十年的辛苦算是白費力氣，整個研究方向和對時局的預判都錯了。因為，自1990年代中期大陸政治學第二次重建以來，一直處在「左右不是」的擔心中，擔心重蹈1980年第一次重建後的覆轍：既要避免嚴加其等過於激進的「新權威主義」主張導致政治學所被解散的

厄運，又對國際共運和黨史等前身學科沒有為冷戰結束和政治轉型做好隨冷戰結束而被迫轉型的命運兔死狐悲。另一方面，還要時時擔心被同時發展、迅速壯大的公共行政管理學科所「吃掉」、或被社會熱潮的「公務員考試」所吞沒，即「行政吃掉政治」的學科競爭。所以，在所謂馬克思主義政治理論和行政管理的夾縫中，大陸的政治學只能跟隨經濟學向西方的轉向，拉開與傳統馬克思主義政治理論的距離，以具國際可比性的民主（價值）為導向，隱含地將中國問題置於第三波民主化浪潮後的轉型國家背景，以期得到國際認同，展開國際學術交流。

其主流，是以1990年代公民社會發展為前提和研究對象，假設市場經濟轉型推動社會轉型並作為民主化動力，然後二十餘年來孜孜不倦地發掘和倡導各種形式的民主試驗，例如關於鄉村和居委會選舉的基層民主、以溫嶺為代表的地方協商民主、以及圍繞幹部選拔、代表選舉等的黨內民主試驗。這些基於經驗和期望的民主研究，逐漸彙聚為所謂「政策導向的漸進式改革」和「治理導向的或黨主導的民主進程」，由此展開對國家和社會關係變化、從群眾到公民的政治參與、和企業家等先進代表如何被吸納的轉型研究，並溯及1949年前中共在其控制地的所謂「民主經驗」。

例如，鍾洋、韓舒立（2017）對《政治學研究》1985到2015年的1532篇論文做了文本分析，歸納出中國政治學研究在過去三十年的研究變化，發現：三十年間，在「政治」之外最高頻的兩個關鍵詞，1985-1989年間為「改革」和「主義」、1995-1999年間為「行

政」和「民主」、2000-2004年間為「主義」和「民主」、2005-2009年間為「社會」和「主義」、2010-2015年間為「民主」和「主義」。1989年後政治學主要圍繞行政、民主和主義展開，而且在過去二十年先後有更具體的農村發展、黨的領導和國家主義等新議題湧現，尤重制度層面的探討，且如李成（2001）研究的大學教育網絡、培訓網絡和秘書代際等所顯示的，集中在制度化的、基於共識的和聯盟性的精英政治，完全取代之前的強人政治；臺灣寇健文（2010[05]）對同期的幹部選拔機制的研究也證實這一制度化趨向成熟。但在討論民主和主義最熱烈的21世紀第一個十年，卻也是規範性討論而非經驗分析的高峰。總體上，經驗和規範性兼具的民主討論和主要是規範性探討的黨建與意識形態研究、以及面向行政事務的公共管理研究各據廣義政治學的三分之一弱，其餘為國際關係研究，基本反映了政治學研究的話語弱勢。

應該說，中國政治學過去二十年的這一方向，合乎國際學界對冷戰後轉型國家的普遍期望，特別是對中國市場經濟轉型和融入全球化的政治預期，代表如李侃如的《從革命到改革》，肯定中國的持續、長期改革為中國和世界帶來的益處。中國政治學也可能從無到有引進和建立起中國政治學的學科框架，並且依託中國案例，參與國際政治學界比較政治和轉型政治的討論。更重要的，這些研究往往藉由基層選舉（民主）主張更高層級的縣、鄉選舉、由地方協商民主而法團主義的大範圍協商民主、由黨內民主而社會民主主義。其中最具代表性的，也是沈大偉在其《中國共產黨的收縮與調

適》中例舉的，以規範性民主研究著稱的蔡定劍，倡導新加坡式的人民行動黨路線，鼓勵中共學習其控制性選舉，既能擴大民主，也不至於短期內威脅中共政權的威權統治。

這種一廂情願式的、附加很強前提的民主研究，頗能反映過去二十年中國政治學的議程關懷，也能反映從江朱到胡溫主政期間集體領導體制下寡頭統治營造出的政治寬鬆和競爭氣氛。隨各種「主義」話語和民主研究的競爭，地方大員的競爭和政治表演也趨於激烈，呈現弱主治下的「放水養魚」，各寡頭名下基金會紛紛延攬政治學者，京城氣氛一時蔚為熱烈。但是，與此同時，幾乎沒有人覺察到去民主化的保守力量是那麼強大，會捲土重來，最終吞噬一切。如亞里士多德兩千年前所警告的政治學常識，民主或寡頭政治之後往往就出現僭主。譬如南斯拉夫總統狄托1980年逝世後集體領導僅維持了七年，新強人米洛舍維奇就出現了，利用民族主義營銷在1989年當選塞爾維亞總統，釀成巴爾幹危機。

當2007年金融危機、爾後2011年茉莉花革命爆發後，中國政權內部對南斯拉夫和蘇聯解體的恐懼再一次被顏色革命所喚醒，公民社會在胡錦濤和周永康的「2.19」講話中被定性為顛覆性力量。隨著之後連續多年對公民社會的大抓捕和鎮壓展開，中共內部圍繞接班人的權力鬥爭也趨白熱化。但是，十八大後的中國政治學界，卻對這一系列鎮壓運動噤若寒蟬，只是終於放棄了蔡定劍式以「選舉威權」引誘民主改革的幻想（景躍進，2017），但仍普遍認為江－胡時期的集體領導制和指定繼承制已經通過輪換解決了最高領導的

接班問題，而且，這不僅是幹部選拔制度化的勝利，還是中國式威權韌性的體現。他們在回應外界如黎安友等人的觀察後，卻囿於方法論的狹隘，無視或不敢正視體制外的公民社會與社會運動在他們所熟悉的漸進民主道路之外是否可能以另一種方式改變中國政治，譬如革命；同時，也不情願認真考慮當局如此恐慌的政治意涵，即對一場不存在的顏色革命的鎮壓本身，或許已經改變了長久以來的漸進改革假設和威權統治的性質，譬如觸發了薄周集團與習的競爭，開始引向埃及茉莉花革命後軍人政權對兄弟會和民選總統的顛覆的同樣道路。

只是，這條邁向獨裁的道路是經過精心策劃的，非常隱蔽，彷彿潘景寅駕駛載有林彪一家的256號三叉戟從山海關起飛後緩慢安靜地畫了一個大圈才轉向蒙古。中國這些先前致力於民主試驗的政治學者們，在過去五年，紛紛在反思的名義下試圖總結中國模式，創建所謂中國政治學理論，和經濟學領域有人試圖創建中國經濟學理論意圖相同，試圖總結包括這次權力交接在內的漸進主義改革路線，甚至歸之為包括公民社會和政治參與等等的民主因素（如史為民，2011），後者屬一個連續、宏大的「選舉與中國政治叢書」系列。當然，另一條路徑，則是轉向國家治理，因為近年來對國家主義的強調已經改造了他們早年對基層治理的興趣，越來越傾向於利用各種大數據、互聯網主權、城市治理和所謂協商民主進行國家治理。也許，他們沒有意識到，在一個威權加劇的時代，這種國家治理和法西斯主義的界限越來越模糊，那些曾經熱衷於民主試驗的政

治學者們正在迅速蛻變成法西斯學者。而無論有意無意，他們都對在「頂層設計」名義下出籠的專制收縮閉口不言。

相形之下，如同沈大偉注意到的，中國還有另一撥「政治學者」，也就是不被前者所承認的馬克思主義政治學者們，卻早在2004年，烏克蘭爆發橙色革命的同一年，胡錦濤主持啟動了「馬克思主義理論研究和建設工程」。重新集結起來的「馬克思主義理論家們」，連同更早的右翼民族主義學者們一道，開始致力於總結蘇聯解體和烏克蘭第一次顏色革命的教訓。正是他們的存在，幫助了茉莉花革命後中共黨內保守力量特別是安全機關在第一時間做出反應，並且把曾經與之發生論戰的公民社會作為敵人。當然，這些人的理論研究或與馬克思主義無關，而是與前述政治學學科平行的另一條道路，建構保守的、右翼的、民族主義的、和國家主義的意識形態理論。他們不僅檢討蘇聯解體的原因，也熱衷分析如何預防顏色革命，並撰寫大量駁斥普世主義價值觀的手冊，其中還有人在2012年自由派知識分子熱烈討論憲政改革之際拋出所謂「社會主義憲政論」。雖然這一理論受到憲政專家和自由知識分子的嘲笑，卻可能經由意識形態部門最終上升為今天的修憲計劃，不僅大幅修改1982年憲法，而且在憲法正文中寫入共產黨的領導地位，徹底消滅了曾經導致1989年學生抗議所反對的只在憲法序言中表達的「堅持四項基本原則」，並且取消了國家主席的任期限制。以此全面「依憲治國」的咄咄逼人態勢，在確立了黨的專制地位和總書記、軍委主席和國家主席「三位一體」的超級元首制後，從憲法層面徹底消

除了舊憲法所容留的也是鄧小平親手確立的關於廢除領導終身制和一黨專政之外的模糊空間，也是過去二十餘年民主試驗的源頭。

最終，勝出的是其中的規範主義研究者，例如當下中國政治學界中最具聲望的林尚立。他將這些經驗性的「中國協商民主的邏輯」轉而朝向「建構民主」，一切都歸於他的《論人民民主》和《中國共產黨與國家建設》，然後在眾人矚目中如期接班王滬寧的國師，也合流在粉飾威權主義專制的「人民民主」之上了。而他的老夥伴們，或許是基於一開始有意的意識形態中立，也就是1990年代公民社會發展本身的去政治化，作為中國政治學界第二次重建與生俱來的烙印，造成他們理論認知的怯懦和對最終合流的無奈。

換句話說，從一個後89時代移植、建構的公民社會出發的現代社會想像，可能真正妨礙了他們的政治觀察和政治勇氣。對一個政治學者來說，本來，應當在習近平上臺伊始便論述的「不能用後三十年否定前三十年」的邏輯一致性覺察公民社會作為一個公共空間或者即便作為偽空間而遭受的壓迫，所顯露的政治性質，是繼文化大革命之後的又一次道德腐敗。如果說毛為了與接班人劉少奇展開鬥爭而不惜發動全面內戰式的文革，將所有中國人陷入人人自危、人人反目、人人告發、人人鬥爭的道德腐敗，那麼這一次，名義上是針對前二十年如裴敏欣（2016）所說的「裙帶資本主義」的造反，發動了持續五年的針對集體領導制的柔性政變，從而獲得僭主權力，卻再一次以「一直呼籲」、「全票通過」的相當於制憲的大幅修憲將所有中國人陷入「更無一人是男兒」──無人反對的道德

腐敗。這是另一種政治衰敗。

　　當然，如果談及社會想像，就意味著如查爾斯・泰勒所言，必須反思現代性的道德秩序，如此才能理解20世紀的反動派如何與之進行持久的對抗而趨向獨裁政體。這也是今天中國政治，或者說那些自以為科班政治學者之外的假「馬克思主義政治理論家」們所號召的針對普世主義的「偉大鬥爭」所必然趨向的。也意味著，起碼從觀察路徑上，要求本體論和方法論的統一。然而，那些主流政治學者們在迴避「馬克思主義理論」的同時也擱置了這一本體追問，卻空談什麼本土關懷和中國政治學。

　　有趣的是，公民社會的不少人也對此很困惑，糾結於即這一政權到底屬極權主義還是後極權主義、新極權主義。對中國政權其威權性質的認識，需要的不僅是國家－社會關係理論，也不僅是強調制度主義或政客個性的方法差異，後者在最近一週正在成為國際學界圍繞中國問題的新議題，還需要從描繪改革開放乃至更早的毛時代的主權關係和權力結構展開社會想像。

　　這或許正是中國政治學者所欠缺的，不若西方的中國問題學者，往往既有中國政治的歷史維度，那是傳統中國學訓練所養成的習慣，也有從世界巨變個案中獲得的比較依據和想像能力。例如，在21世紀初那些中國「馬克思主義學者」開始關心蘇聯解體原因、而主流政治學者仍然醉心民主試驗的同時，拉里・戴爾蒙德和他的同事們就開始研究第三波民主化浪潮中的異數，那些「持久威權」的政權，無論在伊斯蘭世界還是東南亞。在隨後的數年裡，一黨專

政和顏色革命的互相穿透終於一度掀起世界範圍的波瀾。而茉莉花革命的淡出卻助長了「獨裁者的進化」。

挪威學者斯坦・林根（Stein Ringen），在2016年出版了《完美獨裁者》，準確勾勒了習近平的政治畫像：他以管控專制（controlocracy）的方式對付官僚、經濟和公民社會，「邁向一人治國，即使他推出對社會不利的政策，也無人能夠阻止」。如果將歷史眼光再放長遠，就能發現，今天習的新毛主義更像是新傳統主義和毛主義的混合，前者在中共黨內以劉少奇的儒家共產主義為代表，兼具官僚階級的實用主義和精英主義，後者以毛氏的不斷革命和群眾路線為內核而激進、擴張。但對他，新傳統主義和毛主義的結合，體現在如何處理鄧的政治遺產：一方面繼承鄧氏改革開放的新自由主義經濟路線和依法治國的方針，後者常被人附會為儒法一體或者儒表法裡的傳統，殊不知法家最初亦為儒家之支，爾今以新傳統主義面貌出現，如習在過去五年尊孔復儒，中紀委的網站在宣傳反腐案例的同時幾乎每天都在強調傳統文化，強調「家規」、「家訓」、「黨內規矩」。另一方面，小規模的內部運動此起彼伏，以小型政治運動和政黨改造的方式進行著毛主義的「不斷革命」，並且以鄧式制度化的「依法治國」方式實現了毛時代的終身制，且近乎永久擱置了接班人問題，從而顛覆了鄧小平廢除領導幹部終身制這一最為重要的政治遺產，宣告了鄧改革時代的結束。關於這一點，李成和卡爾・明澤（Carl Minzner, 2018）透過過去幾年的觀察得出了相同結論。後者所憑維度，對中國政治內部腐敗和社

會抗爭的觀察、以及宗教和意識形態的維度，然後在比較的視野裡，中國不過是一個處在威權現代化過程中的範例而已。

　　所幸，基於所受的西方訓練和對中國社會抵抗的經年研究，筆者在十八大前後即做出了習近平將以前所未有的政治強人姿態在五年後遂行修憲和連任的預言，並正式囑告北京政治學界那些醉心民主前景的大老。當這一天到來之際，並不覺得任何意外，平靜如初。降臨的，不過是一個「晚期威權主義」的獨裁政體，它的威權統治或將持久維繫，卻因變化的政治性質而隨時面臨全新的挑戰。至於挑戰將如何發生，端賴人們的社會想像。

參考文獻

景躍進：〈中國政治學的方法論反思：問題意識與本土關懷〉，《浙江社會科學》，2017年第7期。

寇健文：《中共精英政治的演變—制度化與權力轉移1978-2010》，五南出版社，2010年第三版。

沈大偉（David Schambaugh）：《中國共產黨：收縮與調適》，中央編譯出版社，2011年。

史為民：《「政策主導型」的漸進式改革：改革開放以來中國政治發展的因素分析》，中國社會科學出版社，2011年。

鐘楊、韓舒立：〈當代中國政治學學科發展狀況評估—基於《政治學研究》的文本分析〉，《政治學研究》，2017年第2期。

Li, Cheng: China's Leaders: The New Generation, Lanham: Roman & Littlefield, 2001.

＿＿＿＿＿＿, Chinese Politics in the Xi Jinping Era: Reassessing Collective Leadership, Brookings Institution Press, 2016.

Minzner, Carl: *End of An Era: How China's Authoritarian Revival is Undermining the Rise*, New York: Oxford University Press, 2018.

Ringen, Stein: *The Perfect Dictatorship: China in the 21ˢᵗ Century*, Hong Kong University Press.

Pei, Minxin: *China's Crony Capitalism: The Dynamics of Regime Decay*, Cambridge: Harvard University Press, 2016.

血歷史138　PF0234

新銳文創
INDEPENDENT & UNIQUE

習近平是如何成為一位超級政治強人的？
——對一場柔性政變的持續觀察

作　　者	白　信
責任編輯	鄭伊庭
圖文排版	楊家齊
封面設計	蔡瑋筠

出版策劃	新銳文創
發 行 人	宋政坤
法律顧問	毛國樑　律師
製作發行	秀威資訊科技股份有限公司
	114 台北市內湖區瑞光路76巷65號1樓
	電話：+886-2-2796-3638　傳真：+886-2-2796-1377
	服務信箱：service@showwe.com.tw
	http://www.showwe.com.tw
郵政劃撥	19563868　戶名：秀威資訊科技股份有限公司
展售門市	國家書店【松江門市】
	104 台北市中山區松江路209號1樓
	電話：+886-2-2518-0207　傳真：+886-2-2518-0778
網路訂購	秀威網路書店：https://store.showwe.tw
	國家網路書店：https://www.govbooks.com.tw

出版日期	2018年9月　BOD一版
定　　價	360元

國家圖書館出版品預行編目

習近平是如何成為一位超級政治強人的?:對一場柔性政變的
持續觀察 / 白信著. -- 一版. -- 臺北市:新銳文創,
2018.09
　　面;　　公分
BOD版
ISBN 978-957-8924-33-8(平裝)

1. 習近平　2. 政治思想　3. 中國大陸研究

574.1　　　　　　　　　　　　　　　　107014617

讀 者 回 函 卡

感謝您購買本書，為提升服務品質，請填妥以下資料，將讀者回函卡直接寄回或傳真本公司，收到您的寶貴意見後，我們會收藏記錄及檢討，謝謝！
如您需要了解本公司最新出版書目、購書優惠或企劃活動，歡迎您上網查詢或下載相關資料：http:// www.showwe.com.tw

您購買的書名：＿＿＿＿＿＿＿＿＿＿＿＿＿＿＿＿＿＿＿＿＿＿

出生日期：＿＿＿＿＿年＿＿＿＿＿月＿＿＿＿＿日

學歷：□高中 (含) 以下　　□大專　　□研究所 (含) 以上

職業：□製造業　□金融業　□資訊業　□軍警　□傳播業　□自由業
　　　□服務業　□公務員　□教職　　□學生　□家管　　□其它＿＿＿

購書地點：□網路書店　□實體書店　□書展　□郵購　□贈閱　□其他

您從何得知本書的消息？

　□網路書店　□實體書店　□網路搜尋　□電子報　□書訊　□雜誌

　□傳播媒體　□親友推薦　□網站推薦　□部落格　□其他＿＿＿＿＿＿

您對本書的評價：（請填代號　1.非常滿意　2.滿意　3.尚可　4.再改進）

　封面設計＿＿＿　版面編排＿＿＿　內容＿＿＿　文／譯筆＿＿＿　價格＿＿＿

讀完書後您覺得：

　□很有收穫　□有收穫　□收穫不多　□沒收穫

對我們的建議：＿＿＿＿＿＿＿＿＿＿＿＿＿＿＿＿＿＿＿＿＿＿

＿＿＿＿＿＿＿＿＿＿＿＿＿＿＿＿＿＿＿＿＿＿＿＿＿＿＿＿＿＿

＿＿＿＿＿＿＿＿＿＿＿＿＿＿＿＿＿＿＿＿＿＿＿＿＿＿＿＿＿＿

＿＿＿＿＿＿＿＿＿＿＿＿＿＿＿＿＿＿＿＿＿＿＿＿＿＿＿＿＿＿

11466
台北市內湖區瑞光路 76 巷 65 號 1 樓
秀威資訊科技股份有限公司　　　收
BOD 數位出版事業部

....
（請沿線對折寄回，謝謝！）

姓　　名：＿＿＿＿＿＿＿＿　年齡：＿＿＿＿　性別：□女　□男

郵遞區號：□□□□□

地　　址：＿＿＿＿＿＿＿＿＿＿＿＿＿＿＿＿＿＿

聯絡電話：(日)＿＿＿＿＿＿＿＿　(夜)＿＿＿＿＿＿＿＿

E-mail：＿＿＿＿＿＿＿＿＿＿＿＿＿＿＿＿＿